読みなおす日本史

佐久間象山

源 了圓

吉川弘文館

目　次

第四章　黒船来航

第五章　聚遠楼の日々

序　章　佐久間象山への視角

一　幕末の大星

まずこの本で私がどのような角度から佐久間象山《さくましょうざん》（一八一一―六四）の伝記を書くか、ということをしるしたい。私は象山を、近代日本における西欧文明への対応の一つの「型《かた》」、しかも最も有力な型をつくった模範的人物として理解している。

十九世紀になって西欧文明の衝迫が東アジアに及び、しかもそれが日本が長い間文明の模範と仰いだ中国の、アヘン戦争における敗北という姿をとった時、幕末の日本人が選んだ道はいくつかあった。第一は、いかなる意味においても西欧文明を排撃しようとするものである。これには朱子学《しゅし》に立脚してその立場から拒否しようとするもの（その代表者として大橋訥庵《おおはしとつあん》がある。これについては後述）、平田《ひらた》派国学にもとづいて純粋な日本文明の伝統を守ろうとするもの（平田派の人々のすべてがこのような態度をとったのではないが、岩倉具視《いわくらともみ》に協力して「復古《ふっこ》」をはかり、明治初頭の岩倉の西欧文明への態度の急変に接して「われ奸雄《かんゆう》に謀《はか》られたり」と言って自殺した玉松操《たままつみさお》や、明治以降狂気におちいった『夜明け前』

の主人公島崎春樹《しまざきはるき》などその代表的例であろう）がある。

第二は、いや日本の取るべき進路は積極的に西欧文明を受容することにある、日本の歴史をふりかえると、徒《いたず》らに外来文明を排撃するのではなく、古代から中国・朝鮮を通じて多くのことを学んできた、その態度こそ日本の伝統である、というものである。

十八世紀以来日本の洋学者たち、ならびに彼らへの共感者たちは、西欧文明の卓越性を認め、すでにそのような態度をとっていた。幕末の日本もその延長下にあったが、状況の違いは十八世紀は文化の面で西欧の卓越性を学ぶことで済《す》んでいたのに、十九世紀にはいって幕末の日本になると、西欧諸国の軍事力が東アジアに及び、国家の独立の保持の危険性の中で西欧文明受容の問題を考えなければならないということだった。

このような新しい状況の下で、当時の社会の指導的階層であった武士階級の若者たちが、新しく洋学研究の担い手となって登場した。それはこれまでの洋学者の多くが、医師や通事《つうじ》をその出自《しゅつじ》としたこととの大きな相違である。これによって洋学研究は社会の大勢《たいせい》となったといってよい。このような社会の動向に先鞭《せんべん》をつけて、社会の流れを変え、青年武士たちの模範となり、彼らを暗夜に導く星としての役割を果したのが、この佐久間象山であった。その主要な活躍の舞台が幕末の政治史であった勝海舟《かつかいしゅう》、吉田松陰《よしだしょういん》、小林虎三郎《こばやしとらさぶろう》、山本覚馬《やまもとかくま》、橋本左内《はしもとさない》、河井継之助《かわいつぐのすけ》、坂本龍馬《さかもとりょうま》、高杉晋作《たかすぎしんさく》――このうち勝海舟・山本覚馬などは明治になっても活躍している――などが彼の門を叩き（このうち海舟、松陰、虎三郎は象山の門弟とみなしてよい)、加藤弘之《かとうひろゆき》、津田真道《つだまみち》、西村茂樹《にしむらしげき》などの、後に明六社《めいろくしゃ》の同人として活躍している人々が、彼の弟子となり、彼に心服している事実は何よりもこのことを物語るであろう(彼とは思想傾向も違い、師—弟子の関係になかった中村敬宇《なかむらけいう》も、象山に会い、彼を尊敬し、その死を惜しんでいる)。これらの人脈を見れば、彼の果した役割の大きさを認めざるを得ない。象山もその役割について明確な自覚をもち、「大星《たいせい》」という号をつけている。

われわれはアーノルド・トインビーに従って、第一のタイプの人々を「ゼロットZealots」(狂信主義者の意)、第二のタイプの人々を「ヘロデ主義者Herodians」とみなしてよいが、象山はヘロデ主義者の代表ともいうべき人であろう。ところで西欧文明を受容しようと決意した人々の中にも、西洋の優越性の核心にあるものは、科学ないし科学技術にあると考えた人々もあれば、いや西洋の卓越性はそれだけでなくその政治制度にあると考えた人々もある。のちになるとそれらの西洋の卓越性の根底にあるのはキリスト教であると考えた人々もいる。また更に細かく言えば、科学技術の受容も議会制・立憲制の受容も、当時の知識人の教養の基盤であった儒教に基いて可能であると考えた人々もあれば、儒教から離れなければそのようなことは不可能であると考えた人々もある。象山の場合は、儒教にもとづいて科学技術の受容をなすことに最大の力点を置いた人であるから、その点からいえば彼も時代の制約下にあった人であるとみなさざるを得ない。

また科学技術だけが西欧文明の卓越さであるとみなすことにも、私は一つの限界を認めざるを得ない。しかしそれにもかかわらず科学技術が近代西欧文明の原動力であったことは間違いないし、多くの日本人がそのように考え、そのようなタイプの実学主義の考えにもとづく高等教育の組織をつくって、この百年、多くの青年たちを教育し、またそのような考えにもとづく近代文明を築いてきたのである。近代日本の興隆と問題点の核心はまさにこの点にあるといえよう。

二　魏源の『海国図志』

これまで見たように、佐久間象山は「両義性」ambivalenceをもつ日本の近代科学技術文明の「型」をつくった人と言ってよい。しかしその範囲だけに問題をとどめては、象山の歴史的個性ないし日本の西欧文明受容の個性はあまり明確にはならない。大切な点は、象山がどのような仕方で、西欧の科学技術文明を学び、それを受容しようとしたかということである。ここまで問題を深めてはじめて彼の歴史的意義も、日本の近代化の特性もはじめて明らかになる。

十九世紀になって西欧文明の衝迫と、西欧諸国の軍事的圧力に直面したとき、西欧文明の卓越性の核心になる部分は「科学」ないし「科学技術」にあると考えた人は、日本の佐久間象山だけではなく、清《しん》末の中国にもいた。その代表的人物を魏源《ぎげん》（一七九四―一八五六）という。（当時、李《り》朝朝鮮にそのような考えをとる人が出なかったことが朝鮮の不幸であった。十八世紀に日本の三浦梅園《みうらばいえん》にも当る洪大容《こうたいよう》のようなすぐれた学者がいたにもかかわらず、その八〇年後に象山のようなタイプの人が出なかった原因は何であったかということは、十八世紀後半から十九世紀前期における朝鮮の歴史研究の重要な研究テーマであろう)。

魏源や日本の佐久間象山のように、西欧の科学技術文明を積極的に受容することによって、西欧諸国の圧力に抵抗して自国の独立を守ろうとする態度を取った思想運動を中国史の研究者たちは「洋務《ようむ》運動《うんどう》」と言い、そのような考えを「洋務論」と言う。この用語を借りれば、佐久間象山は洋務論者であり、清末の中国と同じように、幕末の日本にも洋務運動があった。両者の間にどのような共通点と相違点があったのだろうか。

中国の洋務運動は、アヘン戦争(一八四〇―四二)の敗北という痛ましい経験の中から生まれた。林則徐《りんそくじょ》(両広総督)がその政治的指導者であり、魏源は、この運動の知的指導者であったと言ってよいと思う。魏源自身も、この戦争の期間、数ヶ月間、両江総督代理の裕謙《ゆうけん》の下に幕友としてあって、この戦争の敗北を身を以て体験した。そしてこの裕謙は、イギリスに定海県を奪われ、鎮海の県城を占領された責任をとって、水中に身を投じて死んでいる。このような背景の下に、魏源の『聖武記』と『海国図志《かいこくずし》』はアヘン戦争の終熄《しゅうそく》した道光《どうこう》二十二年(一八四二)に書かれた。前者は清王朝創業以来の武功を主として記述されたもので、太平洋戦争中に翻訳された。しかしわれわれに最も関係が深いのは『海国図志』の方である。

この本は米国人ブリッジメン E. Coleman Bridgman(中国名を高理文とも裨治文とも言う)のあらわ

した万国地理書を林則徐が翻訳した五十巻から成る『四洲志』(道光十八年・一八三八刊)を、道光二十二年に魏源が増補し、さらにそれを道光二十七年に六十巻の『海国図志』となして揚州で刊行された。その後、彼は咸豊《かんぽう》二年(一八五二)に百巻本として増補し、これを定本とした。この際、ポルトガル人瑪吉士の『地理備要』ならびにブリッジメンの『合省図志』によって増補したとされている。

この本の基本的性格は「万国地理書」であるけれども、西洋事情や西洋の機器についての情報も収録されているところにその特色がある。それは「夷《い》の長技を師として夷を制する」という魏源の方針にもとづく。ここにいう「夷の長技」というのは、「戦艦」「火器」および「養兵・練兵」の三である。さらに彼はより広い戦略的観点から西洋の事情を知る必要を説き、その具体的方法として「訳館を立てて夷書を翻訳」すべきことを説いている。このような西欧の科学技術文明の積極的な受容、外国の情報を知るための措置《そち》のほかに、国内問題としては人心を正し、人材を挙げることの必要をも説いている。

この本はみずからの文明に長い間自足して「中華主義」に立っていた中国においては画期的な本であったが、中国では最初の間は正当に評価されなかった。郭崇燾《かくすうとう》の「書海国図志後」によれば「要するに『海国図志』の大要は、形勢を考え洋情に通じ、敵に対して勝を制するために役立てようとするにある。それは互市《ごし》・議款《ぎかん》及び夷人《いじん》の長技を師として夷を制することを論じたもので、これを通商開始の日に説いて、笑いかつ駭《おどろ》かないものはなかった」(小野川秀美《おのがわひでみ》『清末政治思想研究』、一一頁に拠る)

とされ、そしてその言の正しいことは、十余年をへてはじめて実証された、と説かれている。すなわち「太平天国《たいへいてんごく》の乱《らん》」（一八五〇―六四）や「アロー号事件」（一八五六）を契機としてはじめて気づかれたというのである。アロー号事件のおこったのは、わが国の安政《あんせい》三年（一八五六）、太平天国の終ったのは元治《げんじ》元年（一八六四）であったことを思えば、その間中国は中華中心主義の厳しい代償を支払ったと言わねばならない。

これに対してわが国の場合はどうだったのか。また佐久間象山は魏源をどのように理解、評価したのか、また彼の魏源との異同はどうであったろうか。

三　幕末知識人の海外への関心

わが国の『海国図志』に対する反応はどうだったのだろうか。伊東多三郎《いとうたさぶろう》氏によれば、嘉永《かえい》三年（一八五〇）には三部渡来したが、その中に御制禁《ごせいきん》の文字があるというので「蔵囲《くらがこみ》」となり、同六年にまた一部舶載《はくさい》されたがこれも同じ扱いを受けた。嘉永七年（安政元年と改元）になって十五部の『海国図志』が舶載され、七部が幕府御用の部数となり、八部がはじめて一般市場《しじょう》に出たという（同氏著「禁書の研究」・『歴史・地理』六八巻四号、三四頁）。しかしまた嘉永六年に実際に輸入されたという情報もあり（鹽谷世弘《しおのやよひろ》訓点『海国図志』「籌海篇《ちゅうかいへん》」序）、正確なことはわからない。しかしひとたびこの書が解禁されると、わが国のこの書に対する熱狂ぶりはすさまじいものであった。鮎澤信太郎《あゆざわしんたろう》・大久保《おおくぼ》利謙《としあき》両氏共著の『鎖国時代日本人の海外知識』における鮎澤氏の解説によれば、わが国で翻刻《ほんこく》されたものは次の通りである。

1、海国図志墨利加州部　八巻六冊
嘉永七年（一八五四）刊　中山伝右衛門

2、翻栞《ほんかん》海国図志　二巻二冊
嘉永七年（一八五四）刊　鹽谷甲蔵《しおのやこうぞう》・箕作阮甫《みつくりげんぽ》

この書は『海国図志』の「籌海篇」を、箕作が原文の事実の誤まりを訂正し、鹽谷が訓点を施《ほどこ》したもの。

3、翻栞海国図志普墨社国　一巻一冊
安政二年（一八五五）刊　鹽谷甲蔵・箕作阮甫

4、翻栞海国図志俄羅斯国　二巻二冊
安政二年（一八五五）刊　鹽谷宕陰《しおのやとういん》・箕作逢谷《みつくりおうこく》

5、翻栞海国図志英吉利国　三巻三冊

以上の鹽谷・箕作の訓点本はみな川路聖謨《かわじとしあきら》がみずから清商から求めたものに、両者に命じて訓点を施させたもの。川路の見識をうかがわせる。

6、海国図志　印度国部　附夷情備采　三巻三冊

安政三年（一八五六）刊　頼《らい》　子春《ししゅん》（三樹三郎《みきさぶろう》のこと）

7、亜米利加総記　一巻一冊

嘉永七年（一八五四）刊　広瀬　達（竹庵・可行）

8、続亜米利加総記　二巻二冊

嘉永七年（一八五四）刊　広瀬　達

9、亜墨利加総記後編　三巻三冊

嘉永七年（一八五四）刊　広瀬　達

以上の広瀬本は原文を和訳したものである。

10、墨利加洲沿革総説総記補輯和解　一冊

嘉永七年（一八五四）刊　正木《まさき》　篤《あつし》

11、澳門月報和解　一巻一冊

嘉永七年（一八五四）刊　正木　篤

『海国図志』中、中国に関する情報をまとめて和訳したもの。

12、英吉利国総記和解　一巻一冊

嘉永七年（一八五四）刊　正木　篤

13、美理哥国総記和解　一巻一冊

嘉永七年（一八五四）刊　正木　篤

14、美理哥国総記和解　上中下三冊

嘉永七年（一八五四）刊　正木　篤

15、海国図志俄羅斯総記　一巻一冊

嘉永七年（一八五四）刊　大槻　禎

16、海国図志夷情備采　一巻一冊

嘉永七年（一八五四）刊　大槻　禎

17、英吉利広述　二巻二冊

嘉永七年（一八五四）刊　小野元済

本書も和訳。漢学塾の学生が「講経読史」の塾規に反して敢《あえ》て訳したもの。

18、新国図志通解　四冊

嘉永七年（一八五四）刊　皇国隠士

『海国図志』のアメリカの部の翻訳。原文の中国の年号を日本年号に改め、固有名詞を仮名書きにして、一般の読書の理解を容易ならしめた。

19、西洋新墨誌　四巻二冊

嘉永七年（一八五四）刊　皇国隠士

20、海国図志仏蘭西総記　一巻一冊
安政二年（一八五五）刊　大槻　禎
21、海国図志訓訳　上下二冊
安政二年（一八五五）刊　服部静遠
22、海国図志籌海篇訳解　三巻三冊
安政二年（一八五五）刊　南洋梯謙
23、海国図志国地総論　一冊
明治二年（一八六九）序　鶴嶺道人

この二三種の翻訳には多くの和訳が含まれ、これを見ると、『海国図志』の読まれた範囲は私の初め予想していた範囲よりもはるかに広いことがわかる。漢文を自由に読む知識人以外の人々もこれらの翻訳書を読んだことが推察される。予想以上の多くの人々が日本の迎えた外圧に対して関心をもち、海外の事情を知って、日本としてそれにどう対応したらいいかということを考えていたのだ。これは驚くべきことである。中国と日本とのこの反応の違いは、「自国を世界の中心と考えてきた大国中国の自信と、その裏返しになる彼らの世界の新しい状況への無知・無関心」対「絶えず周囲の情勢に眼《め》くばりせねばならなかった島国日本の過敏な反応と、その裏返しになる世界の情勢についての明確な知識をもちたい要求」という図柄であろう。日本の知識人たちの幕末の外圧に対する反応の底には、知識人とは言えないが、多くの文字を読む階層があったことを見落してはならないだろう。

四　日本と中国近代化の明暗を決したもの

では知識人たちはどのように反応したのだろうか。われわれの主題である佐久間象山をはじめとしてその愛弟子《まなでし》吉田松陰、それに破邪論《はじやろん》で有名な幕末の代表的儒者安井息軒《やすいそつけん》、攘夷派の志士の一人頼三樹三郎《らいみきさぶろう》、開明的志士の橋本左内、そして横井小楠《よこいしようなん》もこの本の愛読者であったことがわかっている。小楠のごときは安政二年（一八五五）、熊本の郊外沼山津村《ぬやまづむら》（現熊本市秋津町）でこの本を読んで大きな衝撃を受け、二ヶ月に渉《わた》る門弟内藤泰吉《ないとうやすきち》とのディスカッションの後、開国論に転じたと言われている（山崎正董著『横井小楠伝』）。橋本左内も、和訳本のほかに原文をもち、これに細かく朱批《しゆひ》を加えて研究したようであり、小楠の弟子でもあった同藩の村田氏寿《むらたうじひさ》にこの本を廻達《かいたつ》した記録が残っている（鮎澤信太郎・大久保利謙『鎖国時代日本人の海外知識』、一三八―一三九頁）。左内の場合も、彼の開国思想と『海国図志』の読破とは深い関係があったように思われる。

しかし『海国図志』に訓点を施した鹽谷宕陰や頼三樹三郎の場合は、この本から得た海外知識は攘夷の思想へと彼らを駆り立てたようである。時局に対して行動的に反応したとは思われない広瀬旭荘《ひろせきよくそう》が、海外情報書を手に入れることに非常に熱心であり、とくに『海国図志』を入手することに大きな努力をはらったことは、兄淡窓《たんそう》への手紙の中に示している（同上）。ここに見られるように『海国図志』の影響は、政治的行動という側面から見れば多面的である。しかしその共通点を求めるならば、彼らに一貫するナショナリズムの意識であろう。藩を「国」とし、藩以上のことに関心をもたなかった地方の人々、幕臣であれば幕府以上のことを考えなかった人々が、今それを越える国家ということを、時局に促され、さらにはこの書に促されて考え始めたことが注目すべきであろう。

では象山の場合はどうだったのか。彼はその著『省諐録《せいけんろく》』の中で次のように言っている。

「予時事に感慨し、上書して策を陳べしは、実に天保壬寅十一月也。後《のち》清の魏源の『聖武記《せいぶき》』を観るに、亦時事に感慨し之に著わす所なり。而て其の書の序は、又是の歳の七月に作られたれば、則ち予が上書に先だつこと僅かに四月なり。而して其の論ずる所、往往約せずして同じき者有り。あゝ、予と魏とは、各々異域に生れ姓名を相ひ識らずして、時に感じ言を著すは、同じくこの歳に在り。而てその見る所も、亦闇合《あんごう》する者有るは、一に何の奇ぞや。真に海外の同志と謂ふべし」

さらに彼は「其の江都《こうと》に在るの日、始めて魏氏の書を獲て之を読む。亦内地に学を設け、専ら夷書夷史を訳して、敵情を瞭失し、以て馭《ぎょ》に補せんと欲す。是れ又其の見の予と相符する者なり」とする。

象山がさきの引用文にしるしているのは『聖武記』を読んだときの感慨であり、のちの引用文にしるしているのは『海国図志』を読んだときの共感である。魏源の『聖武記』を書いたのと、自分の「海防八策《かいぼうはっさく》」を書いたのがわずかに四ヶ月の違いしかなく、しかもなんの関係もない偶然の暗合。このとしが魏源にとってアヘン戦争で敗《やぶ》れた傷心のとしであれば、この年は象山にとって主君真田幸貫《さなだゆきつら》が海防掛《かいぼうがかり》となるやそのブレーンとなって海外の事情の研究にうち込み始めたとしてであった。彼が魏源に「海外の同志」を見出した感情はきわめて自然である。

象山が『海国図志』を何時入《いつ》手したのか、それが中国版のものであったのか、鹽谷・箕作らの国内版、その他の和訳であったのか、さだかにはわからない。しかし敵情をよく知ってそれを自己の武器として敵を制しようという考え方は基本的にまったく同じである。そしてそのために国内に外国語を読むことのできる人を育成する学校をつくって、外国の書籍や外国の歴史書を翻訳出版させる等の魏源の考えも、『ハルマ和解《わげ》』という辞書の出版を考える象山の発想と基本的に同じである。

しかし象山は、魏源との間に大きな差異があることを自覚した。彼は言う、「魏氏の海国図識《(ママ)》中、銃礮《ほう》之説を輯《あつ》めたるは、類《おおむ》ね皆粗漏無稽《そろうむけい》にして、児童戯嬉《ぎき》の為《しわざ》の如し。凡そ事は自ら之を為さずして、能く其の要領を得る者之れ無し。魏の才識を以てして、是をこれ察せず。今の世に当りて、身に礮学なく、此の謬妄《びゆうもう》を貽《のこ》し、反って後生を誤まる。吾れ魏のために深く之を惜しむ」（『象山全集』巻一、「省諐録」一二―一三頁、原漢文）。

この指摘は、日中両国の比較近代化という点からいって非常に重要である。六朝《りくちよう》以後、もっぱら文の世界に自己を限定した中国の士大夫《したいふ》には技術蔑視の思想が浸透した。西欧の科学技術の重要性を認識していた魏源も、みずからこの技術を学ぼうとはしなかった。彼らは西洋の製品を買うことで満足した。武士であった象山には技術蔑視の思想はなかった。また洋学者象山の背景には、十八世紀以来の「親試実験」の伝統があった。それを受けて幕末の日本で、みずから作り、そのためにみずからことばを習うという日本における技術文明受容の型をつくったのが佐久間象山であった。

五　象山の両義性と近代日本

これまで私はどのような観点から佐久間象山という人物にアプローチするか、ということについて語ってきた。日本における西欧の近代科学技術文明の受容の型をつくった人物、というのが私の基本的観点であった。それは西欧の科学技術文明に接触した時に、積極的にそれを受容しようと決意し、しかも清末の中国の場合のようにその所産を購入するというのではなく、その原点に帰ってその生産の原理を学び、そしてみずからの手によって制作するという受容の型である。この点象山は、非西欧諸国で西欧の科学技術文明に対応した人々の中では帝政ロシアのピョートル大帝に似ているところがある。事実、象山はピョートル大帝を尊敬し、彼を賛美することばを残している。

しかし象山はピョートル大帝のような専制君主ではない。武士とはいえ小藩の微禄《びろく》の士、主君真田幸貫のような名伯楽《はくらく》がいなければ、その才能をもってしても世に出ることは困難であったろう。そして彼は東アジアの生まれとして儒教の教育を受けている。専制的支配者になる可能性は、思想的条件としてもなかった。その彼が自己の抱負《ほうふ》を実現するために考えたことは、強い国家の実現であり、国家理性の賛美であった。「力同じくすれば徳を度《はか》り、徳同じくすれば義を量る。文王《ぶんおう》の美を称すと雖も、亦大国は其の力を畏れ、小国は其の徳に懐《なつ》くと云ふに過ぎず。其の力無くして能く其の国を保つもの、古より今に至るまで、吾未だ之を見ざるなり。誰か王者は力を尚《たっと》ばずと謂はんや」（『省諐録』）

マイネッケの言う国家における「力」と「倫理」の葛藤《かっとう》という問題に対して、彼はみずからを儒者と称したにもかかわらず、王道《おうどう》主義を主張せず、「力」を第一の国家形成の原理とした。彼が天皇尊《そん》崇《すう》の感情をもちながらも、尊攘《そんじょう》の志士たちに反して、政治的にはあくまで佐幕《さばく》主義の立場をとったのは、強い国家は強い政府によって代表される、と考えたからである。

だからといって彼は儒者であるから、なまのかたちで権力を主張することはしない。武力に支えられることを前提としているが、儒教的支配者にふさわしい「礼《れい》」による秩序の維持、これが彼の云う強い国家の具体的かたちであった。彼が文久《ぶんきゅう》二年（一八六二）に、当時の政事総裁職であった松平《まつだいら》春嶽《しゅんがく》のブレーン横井小楠（一八〇九―六九）の献言を容《い》れてなされた幕府の諸改革に反対して、「おのづから上下尊卑の等級と申すものも有之」と言い、「皇国と外蕃《がいばん》とは御国体本より同じからず、夫故に又御政体も異ならざる事を得ざる義と奉存候」と保守的態度を表明したのは、彼の立場に立てばそれなりの筋が通っている。当時の政治的状況に即しては、公武合体《こうぶがったい》による幕府権力の強化によって国家の富強をはかり、それによって外圧に対抗しようというのが、政治に対する彼の基本的態度であった。政治的・社会的秩序の保持、それは科学技術を学び、それを受容して国家の独立を保つという彼の命題と一つのセットとなっていた。おまけにこのセットには、ピョートル大帝やナポレオンがなしたように日本が世界の覇者となる、という願望も籠《こ》められていた。「古代神聖の已れを舎《す》て、人に従ひ、人に取て善を為すの御規模に被為則《のつとらせられ》、外蕃の長ずる筋を悉く被為集《あつめさせられ》、外国《とつくに》にて追々日本領を被為開《ひらかされられ》候様にしくことなしと奉存候」（文久二年の上書）ということばが何よりもよくそれを示しているといいえよう。

この科学技術文明受容の積極性、それを可能にする合理的思惟《しい》、その反面、政治や社会の側面における力と秩序の保持への非常に大きな関心、それに伴う覇権《はけん》主義への志向、これが第二次大戦後の日本の進路の型となることはあり得ないと思うが、少くとも敗戦までの日本の近代科学技術文明の型であったことは間違いない。ここには日本の近代化の両義性が集約的に示されている。

このようにして見ると、象山は近代日本のすぐれた面も、またそこに潜《ひそ》む問題点も、自分の生涯に集約的に具現《ぐげん》した人物といえよう。しかし彼の置かれた時代のさまざまな桎梏《しっこく》を考えるならば、彼の人物像を評価するときは、さまざまの桎梏をうち破って、近代日本の歩むべき道をきりひらいていった彼の生き方、考え方、そしてそれを可能にした彼の強い個性と、彼の置かれた信州松代《まつしろ》藩の社会、さらには幕末日本、そしてそれを取りまく十九世紀の世界、との交渉の方に重点を置いて書くべきだろうと思う。彼自身も言っている。

「予年二十以後、乃ち知る、匹夫《ひっぷ》も一国に繫ること有るを。三十以後、乃ち知る、天下に繫ること有るを。四十以後、乃ち知る、五世界に繫ること有るを」（『省諐録』）。このことばは、幕末から明治にかけての知識人たちの意識の展開のさまを見事に先駆的に示している。彼はその後の多くの知識人たちの辿《たど》った道を、それに先んじてみずから切りひらいていった。当然そこには彼の生き方・考え方を理解できない人もあり、それは彼の悲劇的な死にいたる。しかし彼こそは幕末日本の代表的な先覚《せんかく》者《しゃ》というべきだろう。

第一章　象山の生い立ち

第一話　佐久間の門から石が降る

佐久間象山は文化《ぶんか》八年（一八一一）二月二十八日に、信州埴科郡《はにしなぐん》松代町字浦町《うらまち》（現在の有楽町《ゆうらくちょう》）の自宅で、松代藩士佐久間一学とまんとの長男として呱々《ここ》の声をあげた。父は通称一学、実名は国善《くによし》、字《あざな》は子祥《ししょう》または淡水、号を神渓と称した。五両五人扶持《ぶち》というきわめて微禄の士であったが、易《えき》学の素養が深く、藩侯の側右筆《そばゆうひつ》として近侍したというから、その人物・教養においてかなり認められていたというべきであろう。また文政《ぶんせい》八年には古稀《こき》の年齢をもって海津城《かいづじょう》の堤防工事の監督を命ぜられ、その難工事を立派にやりとげて表彰を受けているから、計画力・実行力も相当のものであったとみなしてよい。その上彼は卜伝《ぼくでん》流剣術の達人で道場を開いて多くの門人に教授していたというから、禄高を越えて多くの藩士たちから尊敬されていたと思われる。母まんは足軽荒井六兵衛《あらいろくべえ》の娘であるが、頭も体格もよい気丈者であったと伝えられている。出自が足軽というので、藩の掟《おきて》によって妾という地位しか与えられなかったが、実質的には妻であった。象山の誕生の折、父は五十歳、母は三十一歳であった。象山の家族にはけい（蕙）という三歳年上の姉がいた。のち藩侍医北山林翁《きたやまりんおう》に嫁し、早くから寡婦《かふ》になったが、藩から賞賜《しょうし》を受けるほどの女丈夫であったらしい。

このように彼の育った家庭を見ると、家格こそ低かったが、父母の人物・知力・体格ともに立派で、遺伝学上すぐれたものを受けついで象山は生を受けたというべきだろう。とくに象山の父は経学なかんずく易学にくわしく、たまたま松代に来た江戸の易学者観象斎《かんしょうさい》や紀州の易学者九重游亀《ここのえゆうき》（本名山本税之助《もとさいのすけ》）に就《つ》いて易学の修業をし、毎晩二度、三度易の書物を音読せねば眠れないということだったらしく、幼児期から象山はその感化を受け、二、三歳の頃すでに六十四卦《け》をすべて暗誦《あんしょう》していたという。彼がのちに経学を学ぶに当って北宋の儒者邵康節《しょうこうせつ》に共感し、晩年『礟卦《ほうのけ》』という著述をあらわし、砲術理論を易の原理を用いて説明したということ、さらには朱子学の「窮理《きゅうり》」ということと西洋の自然科学の合理的法則の探求を同一視したということ、等の淵源《えんげん》はみな幼児期の家庭環境の中にあったと言ってよいと思う。

象山は三歳になった年、乳母《うば》の背に負われて禅刹《ぜんさつ》（『佐久間象山』の筆者宮本仲は「大林寺」と考証している）の門前の禁牌《きんぱい》の「禁葷酒《きんくんしゅ》」という文字を見て、指先でしきりに文字らしきものを書くので、帰宅後象山の父母にその旨を報告、父が試みに紙と筆を与えると、墨痕《ぼっこん》鮮やかに「禁」という文字を書いた逸話が残っているので、すぐれた知的資質をもって生まれたということがわかる。

また育った家の敷地は三百余坪というから、今日の東京の常識からいったら、相当ゆったりした住まいと言わねばならない。乳母も備えるというようなことは戦後の生活ではちょっと考えられない。それに家には剣術の弟子も出はいりしたというから、よく言えば伸々と、悪くいえば相当我儘に育ったように思われる。啓之助《けいのすけ》と言われた幼少の時期から山野を駆けめぐり、高い樹《き》によじ登り、千曲川《ちくま》では魚捕りにうつつをぬかし、喧嘩口論を好み、生血を流さない日はなかったというから相当の餓鬼《がき》大将であった。当時近所の子どもたちの中では「妻女山《さいじょざん》から槍がふる。佐久間の門から石が降る。石投げ小僧の啓之助。ヤアイヤアイ」とはやされたという（大平喜間多『佐久間象山』、三〇頁参照）。

この我儘で利かぬ気の性格と優秀な頭脳とが結びつくと、傲岸《ごうがん》で狷介《けんかい》・不羈《ふき》の性格となり、自信過剰の若者となって仲間から嫌われ者になりやすい。象山の場合は、自信を裏づける実力があったからなおさらのこと、彼の批評のことばは相手の肺腑《はいふ》をつらぬき、人から怨みを買うこともあったに違いない。彼が藩の中で多くの敵をもち、藩主幸貫なき後は、藩の中で容れられなかったのは、彼の性格にもとづくこともかなりあったのではないかと思われる。

しかし餓鬼大将時代の彼にも他と違うところがあった。彼には一種の義気《ぎき》があり、自分より年の少い者や弱い者いじめはけっしてしなかった。そして正しい理窟の前には頭を下げる温順さと、一たび過ちと知った以上、二度とこの過ちを繰りかえさない聡明さがあった（宮本仲『佐久間象山』、三二―三三頁）。

次のような逸話も残っている。十三歳の折、家老の子どもと道でぱったり会ったが、彼は素《そ》知らぬ顔をして通りすぎようとした。それを咎められて喧嘩になり、「虎の威をかる狐奴《きつねめ》に物の道理を言ってきかせても判るまい。知らなきゃ教えてやるから、いつでも教わりに来い」と溜飲《りゅういん》を下げて帰った。父は「其方《そのほう》は人に教えてやる程に物の道理を弁《わきま》えていると見ゆるのう」と云った。これにはさすがの象山も一言もなく、父親から三年の謹慎を仰せつかって、その後三年間ひたすら文武の道に励んだ。彼のその後の活躍の基礎はこの時期に出来上ったという（同上、三四—三六頁参照）。

第二話　象山の教育的環境

開明性の素地

この節では幼少期象山の教育的環境について見てみたい。象山の育った佐久間家は、わずか五両五人扶持という小禄であったから家計はけっして楽ではなかった。しかし父はその子に内職などさせず、その子のために事情の許す限り最良と思われる教育的環境をつくってやった。父が武人としてすぐれた剣士であるとともに儒学を学び、とくに易理に精《くわ》しく、毎晩一度ならず二度も三度も音読しなければ眠れないような人であったことや、門前の小僧習わぬ経を読むで、象山は二、三歳で早くも易の六十四卦の名を覚えこんでしまったことはさきに述べた。何よりも学問を大切に思う空気が佐久間家には浸透していた。象山は数え年六歳になると父から学問の手ほどきを受けた。

彼の父は暗示教育にも富んでいたらしく、九歳の象山が河原で天然石の硯《すずり》を拾って帰ると、この子が将来天下に名を成す前兆であるとした。象山が三歳で「禁」の字を書いた時のよろこびようと言い、両親の喜びようは普通ではない。また『詩経《しきょう》』の「東に啓明あり」から撰んで「啓之助」と名づけたのだということも、おそらく繰り返し子どもに語られたに相違ない。自分は暁の明星《みょうじょう》として世を導くのだ、という気持が次第に象山の中に蓄えられていったのであろう。それは象山が自分の実名を「啓《ひらき》」と改め、「大星」と称し、「子明《しめい》」と字を改めた等のことに一貫してあらわれている。

ある年齢になると、家庭だけでなく、外に先生について学ばせた。宮本仲《みやもとなか》によると、藩儒竹内《たけうち》錫命《しゃくめい》について経義《けい》、易理、及び数学を学んだとあるが、これが何歳からであったかということは、象山についてのどの伝記にもしるされていない。大切なことは、こういう時に一般に学ばれる経学のほかに、とくに経学の中の易理、ならびに数学が学ばれたことであろう。象山の学問の大成した時の骨格がここにすでに示されている。そして伝記の年譜には、十四歳で藩主真田幸専《ゆきたか》の五十歳の誕辰の賀詞（漢詩）を奉った、とあり、また十五歳の頃には、「易を読みその辞象《じしょう》を弄《もてあそ》んで夜を徹することあり」（大平喜間多）とあるから、象山の学力は進んでいたものと察せられる。

松代藩にはまだ藩校は出来ていなかった。本当に学問したい人は個人的に誰かに学ばねばならなかった。象山の少年期の学習記録で年齢的にはっきりしているのは教え年十六歳からで、彼はこの年（文政九年〈一八二六〉）、数学と経学をそれぞれ藩の代表的人物に学び始めている。数学の師は、町田《まちだ》源左衛門《げんざえもん》ならびに宮本市兵衛《みやもといちべえ》正武《まさたけ》（象山の代表的伝記『佐久間象山』の著者宮本仲の祖父）であり、共に最上《もがみ》流和算の達人会田算左衛門安明《あいださんざえもんやすあき》の門人である。とくに町田源左衛門については、藩の勘定元締役中、過失があって蟄居《ちつきょ》を命ぜられていた折、折柄の豪雨で千曲川が氾濫し、堤防の一部が決潰して冠水した田畑が数百町歩《ちょうぶ》あった時、得意の数学で、数日来の雨量と冠水した田畑の広さを測定して、この洪水は何日の何時にはこの程度減じ、全退は何日であると予言し、その予言が悉《ことごと》く適中して人々を驚かせたということで有名な人であった（宮本仲『佐久間象山』、三九―四〇頁）。このことが藩庁に聞えて、源左衛門は謹慎をとくことが許されたというが、この源左衛門ならびに宮本正武から和算の奥儀《おうぎ》を学び、象山はやがて西洋の数学や科学を理解する素地をつくった。

海保青陵《かいほせいりょう》のような武士出身の経済合理主義者の出現に見られるように時代の趨勢《すうせい》は変わりつつあったが、一般に武士社会においては商業活動を軽視し、商人の営利活動の基礎になる算盤《そろばん》勘定を忌む傾向がかなり強かった。商業資本が発達し、全国的市場が形成された当時の状況では、藩政をおこなうについても数学の知識が必要であった当時、松代藩では家老の恩田頼母《おんだたのも》もひそかに数学を学び始めたが、これに対する非難が集中していたという（同上、三九頁）。こうした中で象山は敢然と数学を学び、ひるむところがなかった。この知的勇気が象山の人生を一貫する彼の特質である。

この数学重視の考え方は、のちに『省諐録』の中の次の有名なことばに結晶するのである。

詳証術《しょうしょうじゅつ》（数学）は万学の基本なり。泰西《たいせい》この術を発明し、兵略も亦大いに進む。敻然《けいぜん》として往時と別なり。いわゆる下学《かがく》して上達するなり。孫子の兵法に度量数称勝《どりょうすうしょうしょう》（度は土地の広さ、量は人口米穀の量、数は計算、称は比較、勝は以上の多少によって勝を決すること）といえるも亦その術なり。しかも漢と我とは、孫子ありて以来、誦習して講説せざることなくして、その兵法は依然と旧の如し。泰西と比肩することを得ず。これ他なし。下学の功なきに坐するなり。今真に武備を修飾せんと欲せば、先ずこの学科を興すにあらずんば、不可なり。

一般の人々の武士意識は数学を学ぶことをためらわせた。象山は、武士は武士としての責任を全《まつと》うするためには、数学を学び数学を興《おこ》さねばならないと考えたのである。

鎌原桐山の薫陶

経学・文章の面の師は、藩の家老職を勤めていた鎌原桐山《かんばらとうざん》であった。桐山は藩老の首座を占め、真《さな》田幸弘《だゆきひろ》・幸専・幸貫の三代の藩公に仕えて藩政に貢献があったというから、松代藩の柱石《ちゆうせき》ともいうべき人物である。五両五人扶持の士の息子がこのような人に就いて学べるということ自体が不思議な気がするが、一つには象山が抜群の秀才として一藩の輿望《よぼう》を担ったということもあろうが、何よりも桐山と象山の父の一学（神渓）との間の祿高を越えた相互の信頼関係がここでは大きく物を言っていると思う。このようなことは福沢諭吉《ふくざわゆきち》の『旧藩情』を見ても分るように、武士の身分社会では一般には考えられないことであるが、そのような関係が成立したについては、何よりも一学の学問・人物の卓抜さと、それを認め、下級の士と対等の交友関係を許した桐山の人柄の美事さとを挙げねばならない。

桐山は象山の父の七回忌に当って次のような詩を作っている。

神渓之水流朝海　神渓《しんけい》の水流《すいりゅう》海《うみ》に朝《ちょう》すれば
万頃波涛駭相礌　万頃《ばんけい》の波涛《はとう》駭《おどろ》きて相《あ》い礌《かさ》なる
有レ子如レ斯父不レ存　子有《あ》り斯《かく》の如《ごと》きも父存《ちちそん》せず
誰知泉下君無レ餒　誰《たれ》か知《し》る泉下《せんか》君《きみ》餒《う》うることなきを

「子有り斯くの如し」とは象山をさす。この詩に接して、桐山の象山への期待が並々のものでなかったことを知るとともに、桐山と神渓との身分を越えた人間としてのつきあいが深い信頼関係によって結ばれていたことを示すといえよう。松代藩にはそのようなまれな人間関係が成立していた。

宮本仲は桐山について「其経学其文章其詩賦は一世に傑出し、蔚乎《うつこ》として一家を為せる藩の碩学《せきがく》であった」（同上、四一頁）としるしているが、その学問や思想内容はよくわからない。おそらく寛政異《かんせいい》学《がく》の禁以後の風潮として主として朱子学を学んだであろうが、佐藤一斎《さとういっさい》に親炙しているところを見ると、あるいは陽明学《ようめい》にもある共感の念をもっていた人かもしれない。あるいは弟子の象山の場合のように、その学殖や文章の面に傾倒していたのかもしれない。一斎は、桐山の死後「桐山鎌原翁遺跡碑銘」に次のような一文をしるしている。

翁の少なるや、文芸武技学ばざるところなし。射騎刀槊《しゃきとうさく》みなその奥を極む。江都に来る毎に、余が愛日楼《あいじつろう》に就きて疑を質《ただ》す。郷に帰れば則ちその著わすところの文詩必ず郵便にて示さる。老に至るも変わらず。実に篤志と謂うべし。翁安永三年甲午十一月十四日を以て生まれ、嘉永五年壬

子二月二十六日を以て歿す、齢を有《たも》つこと七十有九。（原漢文）

これを見ると、文武を兼ねた篤実《とくじつ》の人であったと思われる。武士社会に生まれた儒教的紳士とでもいうべき人ではなかったろうか。

この桐山の下で象山は文政九年から天保《てんぽう》四年まで、数え年十六歳から二十三歳まで学んだ。最も感受性の高い、伸び盛りの時期だから、この時期は象山にとって最も重要な期間であり、桐山は象山にとって第一の恩師というべきであろう。しかしこの時期のことは案外わかっていない。この桐山のもとに学ぶ人は象山だけではなかったらしいが、その業が進んだ段階では象山はそのグループのリーダーとなっていたようだ。彼は「輪講会」というものをつくり、次のような会則を作っている。

輪講会則五則

一、諸君、すべからく六鼓《ろっこ》を以て会集すべし。期に後るることを得ざれ。

一、凡そ講ずるところの章、よろしく前会においてその数を分定し、熟覧審思《じゅくらんしんし》、その義を発揮すべし。もしいまだ明徹せざる者有らば、すべからく講前に相い質すべし。

一、凡そ講説は、本義を明らかにするを要し、多岐蔓衍《たきまんえん》を要せず。

一、凡そ講者の訛誤《かご》するところ、聴者の疑惑するところ、宜しく其の人の講畢《おわ》るを待ちて、之を窮め質すべし。隠すところ有るなかれ。

一、凡そ講終り、いまだ九鼓に及ばざれば、則ち題を分ちて詩を作り、必ず三更に至りて散り、

切に平常談話を禁ず。（原漢文）

佐久間　啓　選

これは学生たちの自主ゼミの規約と考えたらよろしい。この会は夜午後六時から午後十二時まで開かれたらしい。

このような中で象山の学力がどのように磨かれたかは次節で見ることにして、象山がこのほか馬術（竹村七左衛門《たけむらしちざえもん》）や水練（河野左盛《こうのさもり》）を学ぶとともに、当時上田《うえだ》にいた活文《かつもん》という禅僧に、坦道《たんどう》で七里、山道で六里の道を、十八歳当時から数年に渉って馬をとばし、中国音とそのかたわら唐琴《からごと》を学びに通ったということは是非しるしておかねばならない。活文は松代藩士森条七《もりじょうしち》の次男だが禅僧となり、参禅の傍《かたわ》ら中国人から中国語を学ぶこと三年、その後中国にも密行した僧である。象山の経学研究は言語的基礎を伴って本格的であった。

第三話　家族の影響

賢父・佐久間一学

われわれはこれまで少年象山の家庭外の教育環境を見てきたが、今回は視点を変えて彼の育った家庭という教育環境を見てみよう。

父一学（号は神渓）についてはこれまでたびたび触れてきたので、それと重ならないところだけ記述することにする。彼は松代藩士長谷川千助《はせがわせんすけ》の次子であるが、佐久間彦兵衛国正《さくまひこべえくにまさ》の養子となったのである。ところで長谷川千助は同藩士斎藤仁右衛門《さいとうにうえもん》の次男であり、その妻は萩原太五衛門の娘であるから、血統という点からいうと、象山は純粋に斎藤家の血統を受け継いでいる。ところでこの斎藤家の祖は、上杉謙信《うえすぎけんしん》麾下《きか》の二十四将の一人で、文武兼備の名称とうたわれた斎藤下野守昌信（宮本仲『佐久間象山』には昌信とあり、大平喜間多『佐久間象山』には朝信となっていて、正確なことがよく分らないので暫定的に昌信で統一）で、一学はその六代の孫に当る。一学自身はこのことをどう考えていたかよくわからないが、象山はこのことを大きな誇りとして、「吾等佐久間に候へども其家の血統はこれなく、血統を訊《ただ》し候へば、亡父は越後の二十四将の内にて、文武兼備の名将と呼ばれ候斎藤下野守《しもつけのかみ》が六代の孫に候。されば七代の孫に当り申候」（安政六年〈一八五九〉四月二十八日柳左衛門宛て）という手紙を残している。そして「将軍子孫」という関防印を平素使用していたということである。

一学は十一歳の折藩儒岡野石城《おかのせきじょう》の門に入って句読《くとう》を学び学業の進歩が著しかったとされているが、「句読を学び」の句から判断すると、特別高度な儒学教育を受けたようには思えない。のち易理を学んだところからみると、よほど天資聡明《てんしそうめい》の人であったに相違ない。人物も確かな上に筆蹟も見事で、算数にも長じていたので、寛政元年藩侯真田幸専の近習役にとりたてられた。なお彼は十四歳から同藩士八田流水、さらには矢島頂《ちょう》水についてト伝流の剣法を学び、ついにト伝流の道場を開くにいたった。そして文政六年には剣術教授の故を以て賞せられ、翌七年には新藩主幸貫の「側用人《そばようにん》」を命ぜられ、藩主から愛された。微禄の士ではあっても、藩主と毎日顔を合せうる立場にあったことは、その後の象山の運命に大きく関わってくる。

彼の性格は「其気宇《そのきう》は磊落《らいらく》にして名利に趨《はし》らず、性行は公正剛直にして古武士の面影があった」（宮本仲）とされ、象山もその父のことを「亡父一学《いちがく》始め才学之処格段卓絶と申すに有御座間敷候へ共尋常の人にても無御座、其表裏内外一徹にて、無偽の所に至りては有名古人にも有り申間敷と奉存候」と評している。

一学の公的生活のうちで最も特筆すべきことは、海津城の堤防工事の監督を命ぜられたことである。千曲川に面したこの城は、豪雨のたびに川の水が氾濫して城壁を浸して危険であり、それまでも堤防を築く必要が痛感されていたが、堤防を築くことは城の要害を増すことになるので、幕府の嫌疑を怖れて藩当局は手を出しかねていた。一学は、築堤の急務を説くとともに、もし万一お咎めを受けることがあれば自分が全責任を負い、藩には迷惑をかけない、と言って藩論を統一した。彼が藩命を受ける背景にはそのようなことがあった。命を受けるや工事の設計から人夫《にんぷ》の督励、帳簿会計まで一身に引受け、二ヶ年の歳月を費してこの工事を完成した。幸貫はことのほかこのことを悦《よろこ》んで「磊々落々」の四大文字を直書して与え、さらに一文を草して自書し、これを表彰した。以後この新堤のことを「不崩《かけず》の土手」と呼ぶ。このとし彼は齢《よわい》七十二歳、翌年致仕《ちし》、その四年後の天保三年に七十七歳でなくなった。

一学の一生を見ると、象山はその父から表裏のない剛直の性《さが》を受けたように思われる。象山の才学は父親以上であったが、彼の合理性、計画性、先見性は父に由来していると考えてよかろう。しかし父のもつ自制心は、このたぐいまれな自信家には受けつがれなかったらしい。

一学には離婚の経験があった。天明《てんめい》元年、二十六歳の折結婚しているが、十五年後の寛政八年に正式に離婚している。その原因はよくわからないが、二人の間には子どもはなかった。その後九年間独身生活を守って、文化二年、五十歳の折足軽荒井六兵衛の娘まんと再婚した。彼女は三十一歳、初婚だった。彼女については「賢婦人《けんぷじん》」（大平喜間多）とか「体格精神共にしっかりして、人に勝れた記憶力のもちぬし」（宮本仲）とされ、象山も「性慧敏《せいけいびん》、善助《よくかせ》二家政《いをたすく》一」としるしている。彼女は夫を尊敬し、扶《たす》け、貧しい家計を切り盛りした心やさしく、しかもしっかり者の妻であったように思える。この二人の間に文化五年に長女けい（蕙）、同八年に長男象山が生まれた。ところでこの足軽というのは松代藩では士分以下の扱いで、そのために藩の規定でまんは正式の妻としては認められず、妾としてしか認められなかった。佐久間家の悩みは子どもたちが自分の母を母と呼べないことだった。

このような中で、象山は文政八年二月二十六日に十五歳となり、元服《げんぷく》の礼をおこなうとともに嫡子《ちゃくし》となり、その年の四月十五日、彼は初めて藩主幸貫に拝謁《はいえつ》を許されることになった。

佐久間家の女性

この幸貫が、自分の母を母と呼べない象山の悲しみを解消してくれたのである。これについては伝記によっていくらかのニュアンスの差がある。これを最もドラマティックに描いているのは、大平喜間多である。彼はこれを「門人久保成《くぼしげる》の談」として次のようにしるしている。

幸貫は磊落というか、頗《すこぶ》る平民的な殿様であったから、僅かに二―三の侍臣を伴い、ひそかに一学の剣術道場へ立寄って門生らの剣術の稽古を覧《み》られた。その時啓之助（象山の幼名）の太刀筋の優れていることを認め、「実に天晴《あっぱ》れな太刀筋である。褒美をやりたいが、望みは何か」と言われた。「それでは折入ってお願いしたいことがあります。わたしの生みの親は、未だに父上の召遣いということになっております。従ってわたしは母の名を呼び捨てにしなければなりません。これは子として誠に心苦しく思います。何卒《なにとぞ》公然母と呼ぶことの出来るように、御配慮願います」と襟を正して懇請した。

その頃の武家は身分違いの者を直ちに正妻として迎えることは、藩の規定がこれを許さなかった。それ故に啓之助の母は……足軽の女であったから、父の一学も正妻とすることが出来ぬので、止むなく妾という名儀にして置いたのである。生母でありながら何故母と公然呼ぶことが出来ないのであろう、と啓之助は子供心にも不思議に思った。そして母を呼び捨てにせねばならぬ不合理を改めていただくと共に、何とかして日陰の身から母を解放してやりたいと思ったのである。

「それはいと易いことである。然らば啓之助の母に目通りを許すであろう」と言われた。然し御目見えの資格のない者であるから一学は狼狽《ろうばい》し、「それは有難い御言葉でありますが御遠慮申上げます」と答えた。「いや、苦しうないから罷《まか》り出でよ」と、たっての仰せに、その上の辞退も出来ぬので、一学は妾のまん女を御目見えに出した。「おお、其方が啓之助の母か。予は幸貫である。かしこい子を持って仕合せだな」と懇《ねんご》ろな御言葉を賜わった。（大平喜間多『佐久間象山』、三二―三三頁）

ここにしるされているように、象山の願いを聞きいれて幸貫はまん女の対面を許したのか、宮本仲のしるすように幸貫自身の配慮によってお目見えが叶《かな》ったのか、その点はさだかではない。確かなのは、夫や子どものために献身的愛を捧げるこの気丈夫なまん女を幸貫が妻の地位に高め、象山もその姉もその母を公然と母と呼べるようになったことである。象山の家庭は靄然《あいぜん》として幸せであった。

象山の母についてはこの後たびたびこの伝記の中にしるすことになるであろう。ここで簡単に彼の三つ違いの姉についてしるしておこう。この姉も象山に劣らず気丈で賢い女性であった。彼女は十九歳で藩医北山林翁に嫁し、りう・安世《やすよ》・藤三郎《とうざぶろう》の三人の子の母親となった。しかし不幸にして二十九歳で寡婦となった。

ところで松代藩には当主が無役になると給祿が半減されるという規定があった。息子の安世はまだ幼少であったために北山家の扶持は半減された。姉は怒って、これでは遺児の教育を十分にすることはできない、それでは半端《はんぱ》な人間を育てて却って不忠になるから、従前通りの扶持を下すべきである。もしそれが規定によって出来ないのなら、その規定を変えるべきである、と申立てて家老職の連中を困らせた。皆がはかばかしい回答をしないので、彼女は業《ごう》を煮やしてみずから江戸に出て君公に建白すると言っていきまく。さすがの象山もこの姉には驚いて、それではあまりに過激にすぎ婦徳にそむくと必死になって止《と》める手紙を残している。彼女はそのような気性であったから、姉が男であったらよい相談相手になったものをと象山は残念がった。しかし彼女はかなりの教養もあり、織物・裁縫、その他の手芸にも秀《ひい》でていたので、近所の婦女子を集めて、婦道や手芸を教えてやるという風に、十分にその存在意義を発揮した。そして藩当局から、その操守徳行は衆の模範とするに足る、という賞賜を受けた。象山は、貞操が堅いと云って評判になる人はそんなにたくさんはいない、子女の教育がゆき届いているとお賞《ほ》めをいただいた人や、女工が格別にすぐれていると言って賞められた者はまったくない。姉上はこの三事を合せて政府から賞められたのは有難《ありがた》い名誉である、という趣旨の手紙を姉に書いている。この姉の子安世と、その発狂、姉の悲劇的な死――これは象山の死後のことであるが――また語るときもあろう。ここで私が述べたかったのは、このように自己を公の場所ではっきり主張できる女性を育てることを可能にした象山の家庭の空気である。家庭の成員の天賦《てんぷ》の性質ということもあるが、その伸びやかな展開を可能にする抑圧的でない、快活な空気があったと理解してよいと思う。

第四話　父の死と独立

文政十年（一八二七）、父の「不崩の土堤」の工事は無事完成し、父は藩主からとくべつにその功をねぎらわれた。この年は一学の人生のハイライトとでもいうべき年であった。十七歳になった息子の象山の方はこの年初めて藩老の恩田頼母の邸宅に招待された。頼母は「日暮硯《ひぐらしすずり》」で有名な恩田木《も》工《く》の子孫である。これ以後二人は親交を重ね、才能識見は抜群だが、人間関係の上でとかく問題をおこしやすい象山を、頼母は扶けてやった。翌文政十一年、これまで矍鑠《かくしやく》としていた父一学は二年に渉る大工事の監督の無理がたたったのか中風になり、致仕した。そして象山は十八歳で家督を継ぐことになる。翌々年の天保元年（一八三八）の九月、象山は学業勉励を賞されて藩主から銀三枚を下賜されている。その前年には「元旦《がんたん》百韻《ひやくいんの》詩《し》」を賦し、この年には師の桐山に呈した作文が百篇に満ちたという。

この年の冬、藩では庶民教化のために手島堵庵《てじまとあん》の弟子中村習輔を招き、石門心《しん》学を普及させようとしたが、象山は石門心学は俗学であると言ってこれを止めさせようとした。これが象山の藩政に容喙《ようかい》した始めとされている。

なおこのとしの八月四日に、のちに象山と深い縁《えにし》で結ばれる吉田松陰が萩《はぎ》の地で生まれたことをつけ加えておこう。

翌天保二年三月、幸貫は象山を近習役とし、世子《せいし》幸良《ゆきなが》の教育係にした。しかし五月には思いのままに病父への孝養ができないと言って辞職する。翌三年の三月、幸貫は家臣の武芸を閲覧することを思い立つ。象山は命を受けて父一学の門弟名簿を書いて差出す。しかしその序列に誤まりがあるから書き改めるようにという注意を藩老から受けた。しかし剛愎《ごうふく》な象山は毫《ごう》も訂正の必要なしとして譲らない。このことを聞いた幸貫は長者に対し不遜《ふそん》であるとして、四月一日附をもって象山は閉門、一学は謹慎を命ぜられた。そしてこの間一学の病状は悪くなり、もう回復は覚束《おぼつか》ないという状態になったので、藩でもこれを憐《あわれ》んで八月十七日附をもって象山の閉門を解き、一学の謹慎も許した。しかしこの赦免をよろこぶ間もなく八月二十日の払暁《ふつぎょう》、一学は最後の息をひきとった。行年《ぎょうねん》七十七歳。遺骸は菩《ぼ》提寺《だいじ》の日蓮《にちれん》宗の蓮華《れんげ》寺に葬られた。

天保四年、象山も二十三歳になった。この夏、彼は清朝の考証学者毛奇齢《もうきれい》の『春秋占筮書《しゅんじゅうせんせいしょ》』を読んで補正の必要を感じ、『春秋占筮書補正』を著わした。彼の易学研究の進展を物語るものであろうが、この書は今日残っていない。

この年の秋、幸貫は江戸から長野豊山《ながのほうざん》という儒者を招聘《しょうへい》した。豊山は初め大坂懐徳《かいとく》堂の中井竹山《なかいちくざん》、のちに江戸の尾藤二洲《びとうにしゅう》に学んだ朱子学派の学者である。弟子に林鶴梁《はやしかくりょう》、藤森天山《ふじもりてんざん》、等があり、当時の有数の学者であった。この年五十一歳というから円熟の境に達した年齢と考えてよい。しかしその講義の内容は心許《こころもと》なかった。今回の講義のテーマは『孟子』についての講義であり、問題の箇所は「公《こう》孫丑篇《そんちゅうへん》」の「上篇」であり、俗に言う「養気之章」の解釈である。問題の箇所は公孫丑と孟子の対談の中で、孟子と告子《こくし》の「不動心」の差異の問題から、「志」と「気」との関係についての議論に移って、さらに公孫丑が孟子に対して、先生は告子よりもどこがすぐれているのでしょうか、と問うた時に、孟子が「曰、我知言。我善養吾浩然之気」。（曰く、我《われ》言を知れり。我《われ》善く吾が浩然《こうぜん》の気を養えり）。と答えているところである。この文章の「吾我」の解釈をめぐって豊山に対する象山の批判がなされたのである。象山は言う、「私はあなたが河原氏の宅で、孟子養気の章の講義をなさって、吾我の差異について弁ぜられたことを聞きました。私が間接に聞いた御見解は、「我」は「泛」で、吾は「切」である。また「我」は「軽」くて、「吾」は「重」い。古人の使用例はすべてこうでこれが定論だ。だから「浩然の気」というのは、常人の「所有するものではなく、孟子だけがもつものである。だから「吾が浩然の気」ということばをわざわざ使ってあるので、もし誰しももっているものであるなら、どうして「吾」という文字をわざわざ使う必要があるのか、ということのようですが、もしそうであるならば、それは孟子の意に反します」。

象山の言わんとするところは、人はみな堯舜たることができる、孟子だけが特別の存在ではない。人はこの世に生をうけた時、性も気もすべて堯舜と異なったところはない。豊山のこの誤まった見解は、「我＝泛かつ軽、吾＝切かつ重」ということに基く。これとは逆に「我＝切かつ重、吾＝泛かつ軽」である、ということにある。この主張を象山は『説文』や『左伝』などの用例を引いて裏づけようとする。

両者の議論を文法化すると、豊山が、我＝we、吾＝myと解釈するのに対して、象山は、我＝I、吾＝ourと解釈していることになろう。象山が「吾我」の解釈をめぐって豊山を批判するのは、朱子学の基本思想を守るためであった。そして自分はこの講義に出席していなかったから理解の間違いがあったかもしれないが、先生の真意はどうなのかと問いつめる（『呈長野豊山君書』）。豊山はついに答えることなく、予定を切上げて江戸に帰った。

第二章　儒者の時代

一　江戸遊学

第五話　佐藤一斎の門を叩く

これまで郷里を離れることのなかった象山も、天保四年（一八三三）の十二月、いよいよ江戸に遊学し、佐藤一斎（一七七二―一八五九）の門にはいることになった。一斎は松崎慊堂《まつざきこうどう》と並ぶ幕末を代表する儒者で、その門を叩いた者として、象山のほかに渡辺崋山《わたなべかざん》、大槻磐渓《おおつきばんけい》、山田方谷《やまだほうこく》、池田草庵《いけだそうあん》、東沢瀉《ひがしたくしゃ》、吉村秋陽、安積艮斎《あさかごんさい》、河田迪斎《かわだてきさい》、林鶴梁、等の人がいる。思想の傾向からすると、方谷以下の人がそれに近い。直接の弟子ではないが、西郷隆盛《さいごうたかもり》は一斎の著『言志四録』をその座右《ざゆう》の書とした。戦後の代表的政治家吉田茂《よしだしげる》もまた、この書を愛読したと言われている。その思想的立場は後で示すように宋明学のエッセンスを「心学」「道《どう》学」の立場から折衷《せっちゅう》したものであった。

象山が遊学を志したのはこれより二年余以上も前の文政十二年（一八二九）であり、この年五月十三日の近習役ならびに世子教育係の御役御免はその伏線であったが、父の死のためにこの日まで延期になっていたとされている。松代藩はこれまで武技をもって休暇をとった者は数多くいたが、文学《ぶんがく》をもって遊学を許されたのは象山が初めてであったという。この彼の遊学のために直接奔走したのは、藩師の鎌原桐山であり、一斎塾に入門したのも桐山の推輓《すいばん》による。しかし後からそれを支えたのは、藩主真田幸貫であった。この幸貫については、彼の天保十三年の幕府の海防係就任とそれに伴う象山の顧問としての登庸のところで詳述しよう。

桐山はこの折愛弟子のために「送佐久間子迪遊学江都序」「與佐久間子迪」と題する二つの文章を草しているが、後者によれば「子迪《してき》は峻才強記、群籍を渉猟す。今また碩師に就く。必ず能く業を成さん」と言う者、「子迪はただに文事のみならず、刀槍もつとに家範を受く。凡そ学生中子迪の如き者は得易からざるなり。必ず能く業を成さん」と言う者、ならびに「子迪は剛愎自ら用い、塾中和せず。恐らくは中道《みちなかば》にして擯《しりぞ》けられん」と言う者に岐《わか》れたという。松代藩の人々の象山に対する評価はこのように割れていた。そしてそれぞれの評価が彼のある側面を示している。

宮本仲によると、入門後間もなく輪講会がひらかれ、象山もこれに出席した。先輩たちは田舎書生といって軽蔑の眼をもってこれを迎え、象山の方でも都会の軽薄才子連中は大したことはあるまい、一つ驚かしてやろうという意気ごみであった。この会の性格上、出席者たちが各自に発言するのであるが、林鶴梁と新入の象山が議論を始めて互いに譲らず、夜の十二時頃になっても未だ尽きないので中止。次の会には象山への通知はなかったが彼は強引に出席し、再び前説を主張して譲るところがなかった、という。どこかの大学の大学院のゼミにありそうな話である。これ以後、一斎塾では、大変な奴がはいって来たと象山の存在が認められ、象山もまたさすが江戸には俊才が揃っている、と気持を引き締めたということである。この頃時を同じうして入門した学生に、わが国の蘭《らん》学の底礎者大槻玄沢《げんたく》の第二子、磐渓がおり、二人は儒学と蘭学に共に関心をもってのちのちまで交遊をつづけた。

ところで肝腎の師の一斎と象山の関係はどうであったか。天保六年に一斎が桐山に送った書簡の一節には「啓之助随分出精被レ居候御安意被レ下度候」とあるから何の問題もなかったように見える。しかし何かおかしいと感じさせるのは、天保五年五月二十日附の松代藩の藩老で、象山のために経済的な面でもいろいろと心をくばってくれた矢沢監物《やざわけんもつ》宛の象山の手紙の次の一節である。

此節は日夜専ら文章に精力を尽罷《つくしまかり》在候。然る処駑駘《どたい》之質故か、兎角業も進み兼、毎々愧《はじ》入候義に御座候。人之申候には、歩を進め候所相分候様に申候得共、自ら省《かえりみ》候には、尚又只今迄早く出来候文も早く出来かね、容易に筆之不《たた》レ立《ざる》様に相成候。師翁（一斎のこと）之申候には、右之所を致二出精一抜候て後、文道に悟入仕候と申候。文章に箇様《かよう》骨折候義、定て思召に入間敷《まじく》候得共、文章に暗《くらく》候ては恥辱至極と奉レ存候。（『象山全集』、巻三、六頁）

不注意に見ると、何の問題も感ぜられないかもしれない。しかし次の一文を見ると問題ははっきりする。

題㆓一斎先生遺墨㆒

余少《わか》き時一斎先生に師事し、門牆《もんしょう》を灑掃《さいそう》すること両歳、頗る愛育を受く。嘗て作文の訣を聞く。余言下に釈然とす。これより平地路を得るが如し。了として凝滞なし。いまだ以て古の作者に追蹤するに足らずと雖も、意を陳べて事を記し、用を受けて余り有るは、実に先生の賜なり。ただ先生は王学を主張し、窮理を好まず。余は則ち専《もっぱ》ら程朱之規《ていしゅのき》を承当し、以て天地万理の理を窮め、この学の起手となる。漢人のいまだ窮め知らざる所は、則ち欧羅巴の説を以て之を補う。是れ則ち先生と異らざる能わざる者なり。先生の書を観るに因りて、偶然之に及ぶ。象山　平　啓《たいらのひらき》。（『象山全集』、巻一、文稿、四七頁、原漢文）

第六話　師との思想的訣別

前節で引用した文章を見ると、一斎先生は陽明学を主張し、窮理を好まれない。自分はもっぱら程朱の教に従って天地万物の理《ことわり》を窮める。この窮理の点で中国人のまだ窮めていないところはヨーロッパ人の説を以て補う。先生と異ならざるを得ないのだ、と言っている。この文章は後に象山が蘭学の研究を始めて以後のものだが、二人の経学上の考え方の相違はすでに天保五年（一八三四）の春には明らかになり、象山はその時、自分は一斎を経学上の師として仰がない、しかし文章の点では、一斎は当代第一の散文家であり、とうてい自分の及びがたい人であるから、この点では一斎先生を師と仰いでその教を受けようと決心する。そのような彼の気持の表明が、さきに引用した矢沢監物への手紙であったのだ。

このことのきっかけになったのは、天保五年に一斎が『言志後録』の浄写を終り、それを象山に見せて、考えるところを遠慮なく申すように、という機会を与えたことであった。それは象山に師との考えの違いを意識させ、自己の思想の性格についての自覚を促す絶好のチャンスであった。一斎は象山の経学の師とはなり得なかったけれども、象山に自分が純粋に朱子学の徒であることを自覚させたすぐれた反面教師であったといえよう。

今この問題にすぐはいる前に『言志後録』を書くまでの一斎の思想的遍歴について、中村安宏氏の研究によりながら簡単にしるしておこう。これまで高瀬代次郎《たかせだいじろう》の説（そのもとは一斎の嗣子《しし》の佐藤立《さとうりゅう》軒《けん》の『跋弁道薙蕪後《ばつべんどうていぶご》』による）によって、一斎は「徂徠学派より朱子学派に、朱子学派より陽明学派に傾」いたと考えられてきたが、一斎の残した著作によると、朱子学から陽明学に傾き始めた（この時期は寛政三〈一七九一〉、四年頃）ものらしい。その間寛政三年二月に完成した『蘐園《けんえん》開蕪』という荻生《おぎゅう》徂徠《そらい》の『弁道』を批判した本を著わしたことが、一斎を朱子学から陽明学に向かわせる大きなきっかけとなったもののように思われる。彼は徂徠の、道とは先王の道であり、先王の道とは、先王造るところの天下を安んずる道である、という徂徠のきわめて政治的な道の捉え方に反撥する。そして徂徠の道の捉え方では、士庶人以下の非為政者は道を実践しなくてもよいことになってしまうとする。一斎は道は人性《じんせい》に存して離れず亡びざるものであり、為政者や儒家や、さらには中国の独占物ではないと考える。彼の考える道は、先天的な性にもとづく天地自然の道であり、庶人も践《ふ》み行うことのできる仁義礼智というきわめて普遍的な道である。そして一斎は、「明徳は君徳」であり、「顕徳」であるという徂徠の考え方も批判して、「明徳」は「徳が内に明らかなもの」、「顕徳」は「徳が外に顕《あら》われたもの」であって、両者は明らかに区別されねばならない、とする。

ここにおける一斎の「明徳」観は、「明明徳とは天子の事」とした寛政二年の『石経大学攷《せきけいだいがくこう》』における朱子学時代の彼の考え方をも否定するものである。彼はその勢いで寛政七、八年頃には朱子の『大学章句』を否定して、王陽明《おうようめい》の『古本大学序』に従った『大学一家私家言』をあらわす。この本では「民」は百姓をさすのではなく、「人」であり「人類」である。そして明徳を明らかにするのは、ひとり天子の仕事なのではなく、「万物一体の仁」を自己の中にもつ万人の仕事であり、それが「親民」であるとする。

ここに見られるように一斎の儒教思想は、ある時代を生きるあらゆる人々によって担われるべき、そしてその及ぶべき範囲は国を越えた普遍的・人類的思想となった。それとともに一斎は「道とは天下の公道」であり、「学もまた天下の公学」であるとする学派を相対視する立場を確立する（『理学真偽論』）。

寛政期の終わりに確立した一斎のこの普遍的思想は『言志録』（文化十年〈一八一三〉執筆開始、文政七年〈一八二四〉刊）においてさらに洗練されて「茫茫たる宇宙、此の道は只だ是れ一貫なり。人より之を視れば、中国有り、夷狄《いてき》有り。天より之を視れば、中国なく、夷狄なし。中国、秉彝《へいい》（天から定められた常道を守ること）の性を有すれば、夷狄も亦秉彝の性を有す。中国、惻隠《そくいん》・羞悪《しゅうお》・辞譲《じじょう》・是非《ぜひ》の情を有すれば、夷狄も亦惻隠・羞悪・辞譲・是非の情を有す。中国、父子・君臣・夫婦・長幼・朋友の倫を有すれば、夷狄も亦父子・君臣・夫婦・長幼・朋友の倫を有す。夫いづくんぞ厚薄・愛憎をその間に有せん」（第一三二条）というように、きわめて具体的に世界に向って開かれた立場でその普遍的思想を展開している。この本の刊行の翌年（文政八年）の二月に「外国船打払令」が発令されていることを思えば、一斎の思想史的位置づけもおのずから明らかであろう（中村安宏氏の論文は、「佐藤一斎――人倫の担い手の拡大」・源了圓編『江戸の儒学――『大学』受容の歴史』、思文閣出版、所収、「佐藤一斎の思想――寛政期をめぐって」・『日本思想史学』第二〇号、所収による。私流に要約したので、氏の見解を誤まっていないかを怖れる。詳しくは原文を参照されたい）。

第七話　師との対決

象山、一斎に挑む

今日『象山全集』第三巻に、〔六〕「佐藤一斎に贈る」という見出しで「一斎先生言志後録に付存念申述候案」と題された一文は、わずか二一ページの短文にすぎないが、老大家佐藤一斎に対する数え年二十四歳の象山の対決の書である。全文、師に対する礼を失しないよう細やかな配慮がなされ、そして考えこそ違え、象山は師に対する尊敬の気持を失っていないことが充分掬《く》みとれるが、考えの違う点についてはなんの妥協・遠慮もなしに率直に象山の考えが述べられ、しかもそれが師弟の関係の断絶となっていないところに、一斎の人間的大きさが感じられる。

この『言志後録』における一斎の先行儒学ないし儒者に対する関係は、末尾の次の一文に明らかである。

> 濂洛《れんらく》（周敦頤と程明道・程伊川）の復古の学は、実に孔孟の宗たり。これを承くる者、紫陽《しょう》（朱子）・金谿《きんけい》（陸象山）・及び張・呂（張南軒《ちょうなんけん》・呂祖謙《りょそけん》）なり。異同ありといへども、その実は皆純全たる道学にして、決して俗儒の流には非ず。元においては、則ち静修《せいしゅう》（劉因《りゅういん》）・魯斎《ろさい》（許衡《きょこう》）、明には則ち崇仁《すうじん》（呉与弼《ごよひつ》）・河東《かとう》（薛瑄《せつせん》）・余姚《よよう》（王守仁《おうしゅじん》すなわち王陽明）・増城《ぞうじょう》（湛若水《たんじゃくすい》すなわち湛甘泉《かんせん》）、これその選なり。また各々異ありといへども、皆一代の賢儒にして、その濂洛に遡洄《そかい》（淵源の意）するは、則ち一なり。上下千載、落落として唯この数君子あるのみ。吾、取りてこれを尚友し、心において楽しむ。

ここにおける一斎の立場は、周敦頤《しゅうとんい》や程《てい》明道・程伊川《ていいせん》に淵源する宋《そう》・元《げん》・明《みん》の「純全たる道学」の系譜に属するものであって、朱子も陸象山《りくしょうざん》・王陽明も共にその中に含まれる。この「道学」は『言志後録』の文中には「心学」とも「実《じつ》学」（この場合は道徳的実践の学、人間的真実追求の学の意）とも言い換えられている。このような態度は宋・明学に対する藤原惺窩《ふじわらせいか》（一五六一―一六一九）の態度によく似ている。惺窩は朱陸の弁を明らかにせよと迫る林羅山《はやしらざん》に対して、朱子と陸象山との差異を認めつつも、しかも大切なことは両者の差異よりもその共通の面、共通の志向に注目することだ、すなわち堯舜《ぎようしゆん》を是とし、桀紂《けつちゆう》を非とする共通の志向に注目することだとして、さらに周子の「主静」、程子の「持敬」、朱子の「窮理」、象山の「易簡」、陽明の「良知」はそのかたちを異にしながらめざすところが同じであったと言っている（「答林秀才」）。ここで惺窩の言っていることは、とり上げている儒者においていくらかの出入があるのを除けば、一斎のそれとまったく同じである。その後一斎は『言《げん》志晩録《しばんろく》』では、自己の先蹤《せんしよう》として惺窩の名をあげ、これにに対する賞讃の辞を惜しまない。

ここに見られるように、一斎の立場は朱子も王陽明も共にその中に含んだ道学・心学・実学であり、人間としての真実性の追求をめざすものであって、普遍性をその思想の特徴とする。したがって後に象山が一斎の学を陽明学と言い、あるいは当時の人々が「陽朱陰王」としたのは、一斎に対する正確な理解ではない。

これに対する佐久間象山の立場は純全たる朱子学であって、彼は朱子が陸象山を斥《しりぞ》け、張南軒・呂祖謙を惜しんだことを指摘して、朱子が是であったらこれら三人は非、これら三人が是であったら朱子は非であるという相互排除的な関係しかそこには成立しない、と言う。この点象山の主張は、朱子学の正当性を主張してやまなかった林羅山によく似ている。

このように純朱子学的立場に立つ象山の『言志後録』批判は、まるで文部省の教科書審議官の検閲のように厳密であり、道学・心学の立場に立つ一斎の理想的傾向のとかく陥りやすい概念や表現上の曖昧《あいまい》さを突いてやまない。たとえば「王政は、只これ平穏なるのみ。平天下の平の字、味ふべし」（一七一）という一斎の文章に対しては「平穏」の「平」は「洪範《こうはん》」にいう「蕩々平々」の平であるのに対して、「平天下」の「平」は朱註の「均斉方正」の意であって、二つの「平」はカテゴリーを異にするという批評、あるいは「夜気の存否如何を察せよ」（二四五）という一斎の表現に対して「夜気の清濁」如何《いかん》を察せよとすべきであるという象山の主張、あるいは『礼記《らいき》』「祭法篇」の「有虞氏は顓頊《せんぎょく》を祖として堯を宗とす」という句を引いての「全然養子の後を承くると相類す」という句（一五七）を引いて、舜が堯の後の天下を受けたのがまったく養子の後を承くると相類しないことは、舜が堯の陶唐氏を名のらず本姓の有虞氏を称したことに明らかである、等々、一斎も一本取られたと思ったに違いない。このような箇所は他にもたくさんあるが、「養生《ようせい》に意あれば、則ち養生するを得ず」（四三）という一斎の議論に対して、「乍憚《はばかりながら》御愚論かと奉存候」というをはばからない象山には、よくまあ遠慮なく言ったものだ、とさすがに驚かされる。これらを通じて言えることは、象山の思考の型が非常に分析的であるということである。のちに「窮理」を朱子学の核として、これを普遍化しようとした基はこの彼の分析的思考にあると思われる。

整斉厳粛の朱子学主義者

しかしこの一斎宛の象山の書簡で格物《かくぶつ》窮理の問題について触れているところは比較的少い。たとえば「中の字は最も正しい認識をすることが難しい。愞弱《だじやく》〔柔弱〕の人が「中」とみなすのはみな中に及ばないものであり、気魄《きはく》の人が中とみなしているものはみな過ぎたものである。だから君子の道はほとんど行われていない」（二九）という趣旨の一斎の一文に対して、「中字の最《もつとも》認めがたく候は人の気魄の強弱に不拘、只是平日格物窮理之実功無之故に御座候」としている箇所ともう一箇所にすぎない。彼が力をきわめて一斎に対して反論を加えているのは、一斎の心法についての考え方の部分である。これはこの後の象山の文章においてはほとんど出ない部分であり、しかも彼の知的活動と行為とを深部で支えている部分であるから、この節で是非触れておきたい。

一斎の一文に「心に中和を存すれば、則ち体自ら安舒《あんじよ》。即ち敬なり」（二二）とある。そして「心広く体胖《ゆた》かなる」ことも、「徽柔懿恭《きじゆういきよう》」なることも「申申夭夭《しんしんようよう》」たることもすべて「敬」であると一斎は言う。彼の言わんとするところは心が柔らぎ、態度がゆったりしていると、おだやかでつつしみぶかく、善にして美なる態度がおのずから身につくというのであって、一斎は敬を「桎梏徽纆《しつこくきぼく》」（手かせ足かせと罪人を縛るための縄）とみなすのは「贋《にせ》の敬」であって「真の敬」ではない、と言う。これに対する象山の批判は、敬の工夫は朱子学の教のように「整斉厳粛《せいせいげんしゆく》」「主一無適《しゆいつむてき》」（心を一つに収斂《しゆうれん》して散乱せしめないこと）によるべきであるというのである。

この「心の中和」と「整斉厳粛」の心法の違いは「未発」ということに対する両者の考え方の差異にもとづく。一斎は「天に先だちて天違《たが》はざるは、廓然《かくぜん》として大公、未発の中なり、誠なり。天に後れて天の時を奉ずるは、物来りて順応す、已発《いはつ》の和なり、敬なり」（六〇）「習気《じつけ》」（世俗生活の中で生きる間に自分の中に集積された俗習・俗気のこと）を除くためには「純《もつぱ》ら自性を反観し、未発の時の景《けい》象《しよう》（自己のありよう）を覔《もと》めてこれを挽回す」る（未発の時の景象に還る）（八二）という表現に見られるように、人の心が外界からの触発を受ける以前の心のありようを人間の存在の根源として、この慎独の世界の工夫を重んずる考えがある。彼が静坐を重んじたのはそのためであろう。そして彼はまた「我が軀に主宰ある」を認める。いったいこの主宰する物は何か、何処《どこ》にあるか。彼はこれを「道心」と呼び（七六）、この道心のはたらきを「道心の霊光」ともいう（一〇六）。そしてこの道心は人の心に天の気が入ることによって霊明なるはたらきをもつ道心、すなわち「主宰の霊」＝「性」となると考える（七二）。

象山はこのような「未発之性」「未発之中」「未発之時之景象」と呼ばれる「未発」の世界を認めない。外界の事物の触発を受けない時の心はたんなる「心」であり、書経《しよきよう》に言うところの道心・人心も已発の際にはじめてそのような分岐が生ずる。したがって一斎の言う「主宰之性」はたんなる「主宰之心」に過ぎない。彼によればいわゆる先天も後天もみな「已発之事」にすぎない。ここには経験主義な心の理解がある。彼がのちに「窮理」というときの理は経験主義的性格の理であって、価値的理ではなかったゆえんはまさにここにあった。

　象山が朱子学を善《よ》しとして選んだのは、依拠すべき不動の価値規準を求めたからにほかならなかった。これに対する一斎にとっては、堯舜も孔子《こうし》も成長し進化しつつある存在であって、「堯舜の上にも善尽くることなし」（一）（堯舜をしのぐほどの善は限りなくあるという意。もと『伝習録《でんしゅうろく》』に出づ）であり、孔子も志学から七十まで絶えず進歩向上してやまない存在であり、その学は「聖人の学、蓋し力を遠游艱難《えんゆうかんなん》に得るや多し」という考えをもっていた。このような考えに対して、象山はこれでは堯舜は「至聖」とは言えない、またこの解釈では孔子は「生知の聖人」にはならない、と言うのである。そして学問に関して「学、苟も濂洛に原本《げんぽん》せば、訓詁は則ち仮令《たとい》漢・唐を用ふるも、また妨なし」（一三三）とする一斎に対してそれでは困る、あくまで朱子に従うべきだとし、道も学も「活」でなければならぬとして、儒者たちが経典の一定の解釈に縛られ、道も学もほとんど死のうとしているとする一斎に対して、それでは経の本文にも、伝註にも熟さない学者が出てくる、として正統的な朱子学理解に従うべき必要を説く。このような朱子学擁護の背後には、礼の問題をめぐる議論に示されるように、社会秩序の維持への大きな関心があったように思う。

　この時期には、のちに象山と大橋訥庵の二人を別《わ》ける特質（これについては後述）を見出すことは難しいが、「士《ど》気」を決定論的に捉えて諦念《ていねん》にもとづく自然な生き方をすすめる一斎に対して、「士気」も変えられるとして、象山が主体の行為によって人間の運命も変更できると考える点、彼のこの後の時代との積極的関わりを充分に予測させるものがそこにある。

第八話　江戸での交友抄

象山は天保六年（一八三五）の暮、松代藩の「城付月並講釈助《しろつきつきなみこうしやくたすけ》」を命ぜられて、天保七年の二月に二年ぶりで帰郷することになる。この松代での生活の記述に移る前に、江戸での彼の交友関係や趣味生活について簡単にしるしておきたい。

まず後者の方については、多忙な研究生活の間に彼が旗本の隠居仁木三岳《にきさんがく》に就《つ》いて琴を学んだことに触れておこう。われわれはさきに象山が禅僧活文に中国語の発音を学ぶかたわら琴を学んだことを見た。この活文の琴の師匠は江戸の児玉空《こだまくう》であった。仁木三岳はこの児玉空のもとで活文と同じく一《いち》絃琴《げんきん》または二絃琴の唐琴を学んだ人で、当時江戸での琴曲の大家として知られた人である。この琴は中国語で詩を誦しながら弾《ひ》くもので、私は一九七〇年（昭和四十五）にイタリアのコモ湖畔で学会がひらかれた折、かつてスタンダールの『パルムの僧院』の舞台となった館の跡で、吉川幸次郎《よしかわこうじろう》先生の琴の演奏を聴《き》いたことがあるが、きわめて優雅なものであった。象山が聴きかつ歌ったのは同じようなものであったろう。彼はたしかな音の感覚をもち、しかも活文について中国語をマスターしていたからその上達も速く、三年間のうちに三十余曲を修めて、その奥伝《おくでん》を許して貰ったという。天保十年、三岳が逝去すると象山はその碑銘を書き、この一文は「象山浄稿」（『象山全集』巻一、二〇四―二〇六頁）に収められている。

彼にはそのほか「琴録序」「琴録後序」「釈琴」というような琴に関する文章があり、この楽器に対する傾倒は並々のものではなかった。琴を嗜《たしな》むことは中国の士大夫では当り前のことであったが、日本の儒者やまして一般武士では稀なことであった。彼は「琴録序」の中で「古は教法、六芸一も闕くべからず。而して風を移し俗を易へ、以て民心を善ならしむる、楽の教最も急なりとなす」とし、秦《しん》の始皇帝《しこうてい》の焚書坑儒《ふんしょこうじゅ》で楽経がなくなり、今日大雅の遺声が残っているのは琴だけであるとして琴について次のように言っている。「夫れ琴は君子常御之器にして、心を楽しましめて心に適《かな》ふ所以なり。而して又其の徳を論ずれば、則ち是れ乃ち衆楽の統にして、鼓篴鐘磬笙竽《こちくしょうけいしょうう》の属は、蓋し其の臣妾のみ。故に後世、古楽の遺意を観んと求むる者は、琴を舎《お》きて其れ将に奚くに之《ゆ》かんとするか」。そして更に彼は日本の現状については「今の士大夫に、問ふに五音六律を以てすれば、能く其の説を知ること有る莫し。而して自ら其の闕けたることを知らざる者も亦多し」とする。これらの文章を見れば、琴は彼が好むものであったことは間違いないが、それだけでなく彼は日本の儒者や武士が中国の士大夫のように音楽、とりわけ琴をたしなむようになることを望み、自分はそのような士大夫像の模範となりたいという意向をもっていたことがわかる。

この象山に、仁木三岳を紹介したのは梁川星巌《やながわせいがん》（一七八九—一八五八）であった。象山と星巌・紅蘭《こうらん》女史夫妻との交友はこの後長くつづく。彼らの交友については別の機会にしるすことにする。

星巌のほかこの第一回の江戸留学の期間に結んだ交友の関係において注目すべきものは藤田東湖《ふじたとうこ》（一八〇六—五五）、渡辺崋山（一七九三—一八四一）とのそれである。東湖との交際がいつ始まったかはなかなか明らかでなかったが、宮本仲の第二版の『佐久間象山』によって、天保五年の十月十九日以前であったことが明らかになった。この十月十九日以前というのは、同日附の象山の在郷の友人山《やま》寺常山《でらじようざん》への手紙の一節に「此間水戸藩藤田虎之助と申生《もうす》に面会候」とあることによる。東湖についてはこの手紙では「是《この》藤田生は彼勧農或問《かのかんのうわくもん》を書候人（藤田幽谷《ふじたゆうこく》のこと—源）の子にて豪士に御座候」とコメントされ、第一回の面会以後時々会っていることがわかる。この天保五年での両雄の対話の内容は経世済民《けいせいさいみん》をめぐる問題であって、外交問題はまだ論ぜられていないことはやはり注目すべきことである。この天保五年以来二人は相会うことなく、その後二十年たって安政元年で下田《しもだ》開港問題をめぐって、二人は劇的な再会をすることになる。

渡辺崋山についても、象山が何時《いつ》初めて会ったかは明らかでない。しかし象山が天保七年の二月、一斎塾での業を終えて帰郷しようとする時、崋山は墨竹を描いて、これにみずから賛を加え餞別としていることからみると、それ以前に二人の交友関係が始まっていたことは明らかである。当時崋山は田原《たはら》藩の重役であり、しかも象山より十八歳年長の長者であったから、崋山に象山に紹介したのは、江戸在勤の藩医渋谷竹栖《しぶやちくせい》（脩軒）であったろうと、宮本仲は類推している。この竹栖という人は医者であったが文化人であり、江戸の名士とも交わり、さらに蘇東坡《そとうば》に心酔し、その詩を愛誦するとともに、その筆蹟を学んで東坡風の書を書いたという（宮本仲『佐久間象山』五八八頁）。

このように象山は一斎塾での研鑽《けんさん》のほかに交遊関係を拡《ひろ》げ、松代の象山から天下の象山となる素地をこの期間につくったといえよう。しかしこのことが現実化するのは嘉永《かえい》六年（一八五三）の黒船の来日以後のことであって、われわれはひとまず象山とともに松代に帰ろう。

二　松代・浦町時代

第九話「ぞうざん説」と「しょうざん説」

天保七年（一八三六）の二月、象山は帰藩し、浦町の旧宅に母と住むことになる。毎月二回、城内で経書の講義をするのが彼の公的職務であった。その点だけを見ると今日の大学での職務と較《くら》べるとなんと閑雅な勤めではないかと思う。しかしそのかたわら自宅で書を講じ武芸の師範をなしたというから、この点彼は私的職務において父の生活のパターンを受けついでかなり忙しかったらしい。ここに学ぶ者は武士の子弟だけではなく、町人の子弟も含まれていたことは、天保七年の四月五日附の藩の御用達八田嘉助への手紙から推察される。

この年前半は象山の私生活において時は穏やかに流れていったように思える。この年の二月十二日、師の鎌原桐山は家老の職を辞し、三月二十八日に隠居している。四月、象山は同門の友人山寺常山とともに、師の桐山と三人で環をなすような形式で詩の応酬をなしている。この一門の人々の交わりの美しさを示す十八の詩は「鼎餗《ていそく》異味」または「品詩一韻」と名づけられて『象山全集』巻二に収められているが、この中に「畳韻《じょういん》して象山に貽《おく》る」と題された桐山の詩の一節に「於戯《ああ》象山子。満腔《まんこう》尽《ことごと》く芬芳《ふんぽう》」という句が見える。これは「象山」の号の初出の記録である。これを見ると、象山はこの年帰郷以後これ以前にはじめて「象山」の号を用い始めたことがわかる。

ここでわれわれは「象山」なる号を「しょうざん」と呼ぶか「ぞうざん」と呼ぶか、という厄介《やっかい》な問題に触れざるを得ない。今日この問題について二つの説がある。一つは「ぞうざん」と呼ぶもので、信濃《しなの》教育会が昭和九年に『増訂象山全集』全五巻を出版するに当って両説の統一をはかって、これを「ぞうざん」と決定し、それ以後長野《ながの》県としては「ぞうざん」と呼ぶことに統一している。昭和七年（一九三二）に初めて刊行され、昭和十一年に増訂された宮本仲『佐久間象山』（岩波書店）も「ぞうざん」説をとり、おそらくこの説が信濃教育会の決定に際して大きな力をもったものと想像される。第二の説は昭和三十四年に刊行された大平喜間多著『佐久間象山』（吉川弘文館・人物叢書）がとるもので「しょうざん」と呼ぶ。大平によれば象山の晩年の弟子久保成も「しょうざん」が正しいと主張していたらしい。久保が象山の弟子とするなら、宮本の曾祖母は母乳の不足で虚弱であった乳児期の象山に自分の余りある乳を呑ませて不足を補ってやったというきわめて近い関係にある。異説の出所だけからではいったいどちらの説が正しいか容易に決めがたい。両説の論拠を検討しよう。

宮本の「ぞうざん」説の論拠となっているのは、象山自身の書いた「象山説」である。今この漢文を書き下し文にしてみる。

昔陸子静《りくしせい》、学を貴渓の象山《しょうざん》に講ず。人因りて之を号して象山先生と曰ふ。予が盧《ろ》の西南に、巨陵奮起す。其の状厳然として象《ぞう》に類す。土人目して象山《ぞうざん》と曰ふ。則ち余も亦象山を以てみずから号す。或ひと曰く、子志気豪雄、鋭然として斯道《しどう》を以て任と為す。常に称して天下一物として吾が体に非るは無く、一事として吾が用に非るは無し、其の君を堯舜にし、其の民を成康にするは、固より吾が分内の事なり、と。今又《また》象山を以て号となす。是れ殆んど将《まさ》に自らを陸子に比せんとするか。然らずや。昔の人藺相如《りんしょうじょ》を慕ひて、名を相如と更《あらた》む。子も亦陸子を慕ふこと有るや、と。余之に応《こた》へて曰く、子の言、始めは則ち過てり。而して終りは又及ばず。夫れ陸子は、躬行《きゅうこう》は彼の如く其れ厳なり。政治は彼の如く其れ美なり。文辞に著しきこと彼の如く彼の如く其れ勁《けい》遒《しゅう》なり。是れ其の天資に出づと雖も、抑《そもそ》も亦功力の致す所、陸子は誠に及ぶに易からず。而して吾れ何ぞ敢て自ら之に比せん。但其の理を見るや高尚に過ぎ、心を存するや易簡《いかん》に失す。而して法度の正、節目の詳は、察せざる有り。是を以て規模腔殻《きぼこうかく》。已《すで》に広大を致すと雖も、終《つい》に亦夫《か》の禅仏の偏に淪《しず》むを免れず。豈に惜しからずや。嗚呼《ああ》、学術は慎まざるべからず。其の人の賢なるや、陸子の如きと雖も、而も猶ほ以て聖人の室に入るを得ざるは、他なし。亦た学術の正しからざるに由るのみ。予嘗て窃《ひそ》かに此に見る有り。故に学を為すの方、一に程朱を以て準となす。将に以て敬に居りて理を窮め、序に循ひて精を致さんとす。精粗遺さず、内外交《こもご》も養ひ、以て明を達し用を達するに庶幾《ちかか》らん。而も子は顧みて彼を慕ふと為すや。抑も吾れの号を取るや、則ち山を以てなり。固より陸子に事《つか》ふる所無し。然れども既に象山と曰ふ。其ち彼を以て自ら警むるは則ち之れ有り。若し徒らに其の言を口にして、其の行を身にせず。虚に其の名を仮りて、其の実を践まず。陽に正学を以て表し、而して陰に以て馳騁《ちてい》を俗儒利名の轍に駆らんとする有るか、是れ則ち世道《せどう》の蠧賊《とぞく》なるのみ。則ち豈に但《ただ》に罪を孔孟程朱に獲るのみならず。斯に罪を陸子に獲て、天下の人々も亦得て之を誅するなり。是れ以て自ら警しめざるべからず。

右の一文を要約すると、あなた（佐久間象山）の号は陸象山に由来するかという問に対して、私の号は陸象山に取ったのではなく、「象山《ぞうざん》」という故郷の山に取ったのである。自分は陸象山を信奉してはいない。しかし「象山」という以上は、躬行・政治・文辞において及び難いものをもちながら、居敬窮理の道に従わず、学術正しからずして聖人の室に入ることができなかった「象山」を以て、自己を警める気持はある。もし自分が朱子学者としての道を践まず、朱子学者であることを標榜《ひょうぼう》しながら、俗儒利名の行為に出るならば、罪を孔孟程朱に得るだけでなく、陸象山にも得ることとなり、天下の人もこれを誅するであろう。

このような趣旨の文章にしたがって、宮本仲は「吾の号をとるや則ち山を以てなりと言はれているが其山の名は「しやう山」ではなく「ざう山」である。従つて「ざう山」と呼ぶのが本当であることが判るではないか」とする。次に「陸子は才能、学識、気概共に超凡の人にして敬服すべき人物であるに相違ない。さりながら其学風は吾が流派に適せない。何を好んで彼の後塵《こうじん》を拝し、其号迄も襲《おそ》ふ必要があらうと云はれてゐるのである。之を以て考ふるも「ざう山」と呼ぶ方がよろしいやうに思はれる」というのである（『佐久間象山』二五頁）。

これに対する大平説が論拠としてあげているのは以下の如くである。

(1) 前記「象山説」こそ、却ってしょうざん説を裏づける。その理由は、山の名を里人がぞうざんと呼んでいるにも拘《かかわ》らず、象山自身がしょうざんと称しているので人が疑問をおこし、さてこそ陸象山の名を襲ったものかという質問を発したのである。

(2) 象山晩年の弟子久保成（真田伯爵家の家令を勤める）が、大平の自宅を訪れ、象山先生は常にみずからをしょうざんと称しており、門弟はみなしょうざん先生、または象翁《しょう》と呼んでいた、この点をはっきり後説に伝えて貰いたい、と語ったこと。

(3) 漢学者で、しかも人一倍文字の読み方をやかましく唱えた象山が、自分の雅号を漢音と呉音をごっちゃにした読み方をする筈《はず》がない。

(4) 真田伯爵家の家従をした宮下幹が、象山がローマ字でSSSと署名した文献を見たことがあるという大平への教示（この説はおそらく象山佐久間修理《しゅり》の略語としてS・S・Sを解釈したものであろう。

ちなみに大平氏はこの項はしょうざん説に終止符をうつものとしている）。

私は信州の人間ではないので、これまで大平説の第三に相当する立場から漫然と「しょうざん」と読んでいた。今こうして書き抜いてみると、両説ともそれぞれの難点があると思う。第一の説の難点は、(2)の副次的な理由であって、象山は前半については宮本説の通りであるが、後半の「何を好んで彼の後塵を拝し、其号迄も襲ふ必要があらう」とまでは象山は言っていない。第二の説の難点は大平説が「しょうざん説」に終止符を置くと称した(4)のS・S・Sのイニシアルは井出孫六《いでまごろく》氏の言うように「佐久間修理子明」の略語であるという反論も成立し、きめ手にならない（井出孫六『小説佐久間象山』上、朝日文庫、二五〇頁）。

弟子や周囲の人々がどう読んでいたか、ということについては、象山に親しく接触していた勝海舟、加藤弘之、西村茂樹、津田真道、大槻文彦《おおつきふみひこ》、黒川良安、田中光顕《たなかみつあき》などという人々はみな「しょうざん」と読んでいたということであり（尾佐竹猛《おさたけたけき》「象山自身」・昭和十八年一月二十日付夕刊『朝日新聞』、大泉某「象山の読方」・昭和十七年二月二十九日付夕刊『朝日新聞』、前記井出孫六著、二四八頁に拠る）、当時の一般の人々は「しょうざん」と読んでいたようである。しかし菊池《きくち》寛（ひろし）を多くの人が菊池かんと読み、元田《もとだ》永孚（ながざね）を今もって多くの人が元田えいふと読むところから「ひろし」「ながざね」の称呼を否定するわけにはいかない。問題は象山自身が何と呼んでいたか、ということであり、久保説だけでは心もとない。

はっきりした決め手は容易に見つけがたく、第一の説についても、象山という号は故郷の山「ぞうざん」から得たが、象山という文字を宛てる以上は儒学者のスタイルに従って「しょうざん」と読み、陸象山のような正学を逸《そ》れた人にはなるまい、という自戒の意味もこめる、というようにとれないことはないのである。私自身は「象山説」を素直に読むとそのように読みとれると思う。

ところで昭和十年に発行された清水松濤『佐久間象山先生と仏教』の末尾の「象山考」を読むと、象山が松代本誓《はんせい》寺に納経し、納経の理由を述べた文章の末尾に「応知。象者所蔵反。山者参也」（応《まさ》に知るべし。象は所蔵の反、山は参なり）という一文がある。この本の著者はこの文から、反切《はんせつ》についての*奇妙な解釈から「ぞうざん説」を正しいとしているが、「上の字の音節の初めの子音と下の字の母音を含む後の部分とを合わせて一音を構成する」のが反切であるという普通の解釈に従えば、この文献が信頼できるものとすれば「象山」の名は「Shou-San、しょうさん」もしくは日本語の慣用として「しょうざん」と読むのが正しいことになる。

＊　この著者の解釈では「所（しょ）の字の頭のしを父位とし、蔵（ざう）の字の頭のさを母位とし、父位と母位との間に生れた音に蔵（ざう）のうを添へて一音とする」。但し父音と母音とが同行なる時は母位に帰る。従って所蔵の反しはシ（父位）とサ（母位）であるからサとなる、このサにウを添えるとサウ、蔵の字が濁音であるからざうと濁る。これに山者参也としてあるから、「ざうざん」と呼ぶより外の読方は断じてない、ということになる（同著、一二七、一二八頁）。

第一〇話　大塩平八郎に対する論評

天保七年（一八三六）は春先から雨先が多く、気温も上らず、ちょうど昨年平成元年の夏のようであった。当然農作物は稔《みの》らず、日本国中が饑饉《ききん》に襲われた。松代もその例外ではない。藩の倉米の在庫も少なく、役人たちも手を拱《こまぬ》いて救済に乗り出そうとしない。象山は立ち上って親しい関係にある藩の御用達の八田嘉右衛門に説き、金穀を藩に献上せしめて、これに藩倉の分を加えて、藩の名儀で困窮者に粥を賑恤《しんじゅつ》した。日に二千人もの人がこの施しを受けたという。

翌八年も天候は良くなく凶作がつづいて、民衆たちの不安と苦しみがつづく。そしてついに大坂では、この窮状に対応しようとしない町奉行《ぶぎょう》の跡部山城守《あとべやましろのかみ》に対する怒りから、与力大塩平八郎《よりきおおしおへいはちろう》が立ち上る。平八郎は中斎と号する陽明学者であった。

右に見たように、象山も窮民を見るに忍びない人であった。しかし彼はまた秩序愛好者であった。象山の処世観は論語憲問第十四の「子曰わく、其の位に在らざれば、其の政を謀らず。曽子曰わく、君子は思うこと其の位を出でず」ということにあった。その位にない大塩平八郎が乱をおこして社会の秩序を破壊することは、彼にとってはとうてい恕《ゆる》せないことであった。この年の四月、象山は「本《ほん》多伯楙《だはくぼう》に与うる書」をしるし、大塩と彼の拠《よ》っていた陽明学への批判を書く。

本多伯楙は淀《よど》藩の儒者で、象山と同じく一斎門下の人であるが、熱烈な朱子学の信奉者で、一斎の陽明学への共感をあき足りなく思う点では象山と相通ずるものがあった。彼は象山の帰藩に際して、「佐久間生松代に帰るを送るの序」という一文を書いて象山に贈っている。その中で彼は「楊墨《ようぼく》の学」の非についてはすでに孟子が弁じ、老仏《ろうぶつ》の学についてはすでに程朱が弁じ、それらが異端であることはみなよく知っている。しかし陸王《りくおう》の学の非なることについては、まだ孟子や程子、朱子のような大賢が弁駁《べんばく》していないので、その異端であることはまだ明らかになっていない。とこれを歎《なげ》き、人倫事物を否定しない点において正学と同じく、しかもその実は異なる陸王学は「いわゆる似て非なるの尤なる者」であるとして「豈悪まざるべけんや」という考えを示している。伯林は、朱子学を正学とする立場に立って、経学上、師に譲ることのなかった象山に対して、好意と共感の念をもっていたのであろう。

右のような経緯の下に書かれた象山の「与本多伯林書」は、象山の、朱子学を正学とする立場に立っての陽明学批判の書であり、大塩平八郎の間違った行動は彼が陽明学を奉じたという学術の不正に基づく、という一点に絞られて、議論が展開されている。この点、象山のこの一文は江戸末期の「朱陸論争」につらなるもの（この問題については吉田公平「江戸後期の朱陸論争」・源了圓編『江戸後期の比較文化研究』、ぺりかん社所収、を参照されたい）と理解して差支《さしつか》えないであろう。象山が、中斎やそれに呼応した民衆の行動を誘発した当時の社会状況をどう捉えていたかは、この一文では知ることができない。

この文で象山は、最初浪華《なにわ》の変を聞いたとき、これは伝聞の間違いではないかと思った。陽明学も孔孟を尊び、仁義を崇《あが》める。さらに陽明は乱をおこした寧《ねい》王を擒《とら》えている、まさか、と思っていたが、まちがいなく事実であることを知って喪を迎えたように暗然とした、として、中斎のこの行動は「学術之害」に帰因する、という結論を下す。

象山は、政《まつりごと》をおこなう立場にないときの君子のあり方について「君子は思うこと其の位を出でず。世を易《あらた》めず。名を成さず。世を遁れて悶《もだえ》無し。正に是れ学者処世の大経《たいけい》なり」として、顔淵《がんえん》の「陋巷《ろうこう》に在りて、箪瓢《たんぴょう》自から楽」しんだ態度こそそれに当る、とする。春秋《しゅんじゅう》の末期と今日ではいくらかの違いはあるが、「憤激して気を暴《あら》げ、目を瞋《いか》らし臂を攘《ねら》い、之を朋輩に謀り、之を門人に要《もと》め、久しく困しむ積冤《せきえん》の民を鼓動し、以て万一の僥倖を期せば、其れ之を何と謂わんや」と象山は言って、中斎が「道に叛き正を乱し」人に誅せられる罪に陥ったのはなぜかと問う。そして次のように答えている。「蓋し儒者の学《がく》は義理《ぎり》のみ」。しかるに陸王の学は「義理を剝落《はくらく》し、惟《た》だ其の一心を是れ任じ是れを師とす」る。そして陸王は「本然の性」を知らず、「知覚を以て之に当」てて、「理」はこの「覚」によって生ずるとし、物はこれにあずからないとする。そして「格物」を斥けてこれを「支離」とする者は「其の内を私して、外を遺《わす》」るるものであると言う。

ここに象山が否定している「知覚」は、今日、われわれの使うperceptionの意の知覚ではなく、人間の内部に、外界との関係なしにはたらくと想定される「虚霊《きょれい》」なる知覚であって、これを否定するのは陽明学の「心即理《しんそくり》」の考え方を否定し、朱子学の「格物致知《かくぶつちち》」「格物窮理」を正しいとすることを意味する。この外界の道理・物理を窮める朱子学的「格致《かくち》」によってはじめて「義理の学」としての儒学は可能になると象山は考えるのである。

第一一話　学政意見書を藩に提出

この天保八年（一八三七）五月二十七日に、象山は藩当局に対して「学政意見書竝に藩老に呈する附書」という上書を提出する。これが彼の上書第一号である。この上書について注目すべきことが二つある。第一は、彼の上書第一号が教育に関する上書であったことである。このことは彼が幕末に必要な諸改革において教育改革が根本の課題であると考えていたことを物語らないであろうか。このことは象山だけでなく、他の幕末の先覚者たちの上書、すなわち横井小楠の「学校問答書」、橋本左内の「学制に関する意見劄子《さつ》」その他と併《あわ》せ考えるとにわかに説得力を増してくる。これらの人々は政治や経済に関する上書も出している。これが緊急の問題であることはあらためていうまでもないが、これらの改革を担う人の育成はより根本的問題である。少くとも当時の先覚者たちはそう考えたのではなかろうか。象山もそのように考えた人の一人であったと思う。第二は、象山に限って言えば、この上書はさきの「本多伯楙に呈する書」と密接な関連があり、共に大塩平八郎の乱に触発された彼の心の動きの表現であると言ってよい。伯楙への文が陽明学を否とし、朱子学を正学とする主張であるならば、この「学政意見書」は正学朱子学に基く学校制度確立の要望の上書である。

この上書は「御学政之義は御治道の御根本に候得ば於御国家之上一日も廃せられ間敷御儀と奉存候」という基本の考えに立って書かれている。もう少しパラフレイズして言うならば、国家を治めるには必ず風俗を正し賢才を養うのが本であり、そのためには「学術を張り儒術を尊び道芸を講明し義理」を習熟するのほかないということになる。象山は、当時の松代藩の文武は衰廃していると見る。そしてこの文武の衰廃は風義の偸薄《とうはく》から来ている、そしてそれは、畢竟《ひっきょう》は学政が立たないことに由来すると云う。その改革のためには堯・舜・禹《う》らの理想的君主の支配した「三代学校之真意」を汲みとり、規則さえ変えれば、別段学館の造営などしなくても十五年も経つと藩の士風は一変するというのが彼の考えである。

ではどのような趣旨の学政を彼は考えているのか。彼のめざしているのは真文・真武の「文武の良材」を養成する期間十五年間の教育機関をつくることである。そしてそこにおいて学ばれる学問は「程朱之正学」でなければならないとする。それも思弁的議論に時間をついやすことではない。彼は言う。「本学問者五倫五常之道を明にし、人情世故に致通達、天下国家を経済致し候外無御座候」。程朱の学に立脚して人倫の道を明らかにし、経世済民ができる人材の育成をするというのが彼の教育目標である。ここで注目すべきことは、彼はみずからを朱子学者として自覚しながら、そこには「風俗を正す」とか「人情世故に通ずる」というような徂徠の社会的視点が無自覚の中に生かされているということである。寛政異学の禁以後の朱子学は徂徠学への反措定《そてい》として成立したが、徂徠学のもつ社会的視点はその朱子学の中にも浸透しているということの一例ではなかろうか。

では彼の示した「学政策」とは如何《いか》なるものであったろうか。以下その要点をしるす。

一、御家中《ごかちゆう》のうち「八歳から二十五歳以下の男子を身分上の差や家庭内の地位と関係なく、一箇所に集めて教育をする。そして八歳から十五歳までと、十五歳から二十五歳までとに分けて、前者は朱子の小学《しようがく》の教で、後者は「大学格致之法」で教育する。

一、学政は町割にし、十人で一組、年長のものを筆頭にして自治組織をつくる。

一、学生は朝五時《いつつどき》に出席、午後九時《ここのつどき》に退席。素読は小学の期間に終え、後期課程においては、四書《ししよ》は何年、五経《ごきよう》は何年と修学期間を定め、算学・医学もこれに準ずる。

一、教員構成は頭取《とうどり》一人、世話役（素読・質問への応対役）五人。

一、……省略……

一、三年たつと学習の成果の吟味の試験をしてそれに合格したら褒賞《ほうしよう》する。そのうち秀《ひい》でた者は抜擢《ばつてき》して世話役に任じ、とくに学業に習熟し、才気が特に豊かな者には政府の御用に使う。

一、学校にはいって九年たっても不合格の者の学籍を解く。

一、世話役になり、年中出精した者には歳末に銀五枚を下賜し、試験に合格した優秀な者で、生活不如意《ふしよい》で内職をせざるを得ない境遇の者には内々に手当を出すこと。

一、学生のうち傲慢《ごうまん》で学規に従わず、世話役や頭取の誡諭《かいゆ》に従わない者は学堂を放逐《ほうちく》する。

このほか学堂規則として「忠臣・清官となるよう教育をすること」「学生は権門《けんもん》に出入して将来の出世をはからないこと」「師を尊敬し、講義の折は心を虚にして聴き、まだ明らかでないことがあれば静かに尋ねること」「学生たちは私に徒党を組まないこと」「学生たちは喧嘩口論を慎しみ、学業討論の際も勝心・客気《かっき》を挟《さしはさ》まないこと」等々（若干省略）があり、これらの禁止事項は逆に当時の若い武士たちの現実の姿を示している。

第一二話　江戸遊学を許可される

この上書は藩財政の逼迫《ひっぱく》のために採用されなかったが幸貫の心を動かし、幸貫の没後、その志を生かして安政二年（一八五五）に「松代藩文武学校」として開校式を迎えることになる。さらに明治二年（一八六九）に、この文武学校は兵制士官学校を附設し、象山の洋学塾で学んだ武田斐三郎《たけだあやさぶろう》が招聘《しょうへい》されて兵学とフランス語を教授し、短期間ではあったがすぐれた門下を育成したのは奇《く》しき因縁《いんねん》であろう。

実はこの上書には「藩老（矢沢監物のこと）に呈する附書」がつけられていて、彼が素読や句読の教授に忙殺され、組織的な学政がないためにいかに無駄な苦労をしているかが訴えられ、月次《なみ》講義や素読指南《しなん》は誰でもできることだから、もう一度出府、五—七年も専一に修業させて欲しいという熱い希望が述べられている。これは天保十年の再度の江戸遊学の伏線となる。

天保九年（一八三八）の松代生活において重要なことの第一は、黄檗《おうばく》僧末山《まつざん》について古賦《こふ》を学んだことである。これはのちに象山が「望岳賦」「桜賦」というわが国の漢詩の歴史でもおそらく初めて本格的な古賦をつくったことの布石がこの時置かれたことを意味する。象山は志士、先覚者であるとともに文人であった。この時代の行動的知識人の中に、象山のように詩や画や書の道も本格的にきわめ、文人としても一家をなした人はいない。とくにこの賦は、象山のことばを借りると、徂徠も試みたことがなく、春台《しゅんだい》には一篇あるが下手で、一斎にはいくつかあるが、近しいスタイルの賦であって、一斎ものちに象山が「望岳賦」をつくった時、前人未踏《ぜんじんみとう》として賞讃したというが、このような文人としての象山も含めた象山像を形成することが、将来十九世紀の東アジアの知識人の比較研究をする時に必要になってくるように思われる。

第二は、この年の閏《うるう》四月、藩命を帯びて越後《えちご》に行ったことである。この旅行の公的目的は、越後の富豪市島氏から藩として金を借りることであった。象山はこの借款《しゃっかん》の交渉には失敗したが、長岡《ながおか》藩の新潟《にいがた》町奉行をしていた小林誠斎《こばやしせいさい》と相知り、その息子の教育を托《たく》されるというそれ以上の副産物を得た。この息子というのは、のちに江戸において象山の門に学び、吉田寅次郎《とらじろう》（松陰）と共に「象門の二虎」と言われた小林虎三郎である。彼は河井継之助とともに幕末から維新期の長岡藩を背負った人物だった。河井のようなきらびやかさはないが、苦境におちいった維新後の藩を背負い、多くの後進を育てた点において歴史の上に大きな足跡を残している人物である。私は第二次大戦中、山本有三《やまもとゆうぞう》の戯曲『米百俵』によってはじめてこの人物のことを知った。その後山本五十六《やまもといそろく》もこの長岡の出身であり、長岡藩の維新後の悲境において、虎三郎のなした教育立国のプランの中で育った英才の一人であることを知って感銘を受けたことがある。象山はこの虎三郎を信頼し、ペリーが来た時には老中阿部《あべ》正弘《まさひろ》や牧野侯への説得を頼んでその結果、虎三郎から維新史における活動のチャンスを奪ってしまう。さらに象山の死後、一子恪二郎《かくじろう》はこの虎三郎から大切なアドバイスを受ける、というように虎三郎には世話になることばかりであった。

さて天保八年の彼の江戸遊学の願が聴きいれられて、九年の十一月五日に「城付月並講釈助」の職も免ぜられる。六日遅れて十一日に通称の啓之助を修理と改めることが藩から許され、師の桐山につけて貰った字の子迪《してき》をみずから子明《しめい》と改めた。夜明けを待つ空にきらめく明星《みょうじょう》に托して、心中に期するところを表明したものであろう。

翌天保十年の二月郷里を後にすることになる。この時も師の桐山は「佐久間子迪江都に遊学するの序」という一文を贐《はなむ》ける。その中に当時の象山のプロフィルを最も美しく描いた一節があるので抜萃《ばっすい》しておく。「佐久間子迪、秀は山嶽を鍾《あつ》め、気は風雷を走らす。骨相雄魁、神思清潤、汪々として万頃《けい》の波の如し。深厚容あり、森々として千丈の松に似る。直方撓《たわ》まず、憤りを発しては食を忘る。術芸の場に婆娑《ばさ》し、杖を執り錐を引き、篇籍之圃《へんせきのほ》に優游す。自強息む無く、罷めんと欲するも能はず。

業已に堂に升るも、尚ほ未だ室に入らず。……其の志蓋し諸子是に似たるの非を弁じ、百代未だ明らめざるの惑を開かんとするに在り」（原漢文）。象山のプロフィルを一文で示したものとしては、のちの勝海舟の皮肉たっぷりの文章があるが、この桐山の一文はこれとは逆に象山の美質を師の立場から彫り出したものといえよう。

この時母は「篤実道に志し、勤苦徳に進めば、千里の外に在りと雖も、吾の慶《よろこび》は猶ほ吾が膝下に在るが如し。如《も》し其の志行凡て陋にして、儕俗《せいぞく》と等しく夷なれば、甘旨養を極め、扶攜《ふけい》労を致すと雖も、吾れ楽しまず」（『東遊紀行』）と象山を励ました。しかし別れに臨んでは象山も涙を流し、この旅が江戸に近くなり、熊谷《くまがや》の川塘《かわづつみ》を歩いて、左に筑波《つくば》山、右に富士《ふじ》山を観《み》た時は、この風景を母に見せたらどんなによろこぶだろう、と歎いた。剛愎自用《ごうふくじよう》の人象山も、母に対しては心やさしい子どもであった。

三　江戸・阿玉池時代

第一三話　「江戸名家一覧」に名を馳せる

江戸に着いた象山は、梁川星巌夫妻のすすめで彼らの「玉池吟社《ぎょくちぎんしゃ》」の隣り、神田阿玉池《かんだおたまがいけ》のほとりに居を卜《ぼく》し、「象山書院」もしくは「五柳精舎《ごりゅうしょうじゃ》」ともいった。陶淵明《とうえんめい》にあやかったものであろうか。

この年象山は小浜《おばま》の儒者山口菅山《やまぐちかんざん》との論争に明け暮れた。この論争は象山からしかけたものだった。それは菅山の鬼神の説をめぐってであった。菅山は崎門学派の朱子学者であったというが、その説は一般の崎門学派の人々と違って山片蟠桃《やまがたばんとう》に近い。理と気との関係において理は不滅だが、気には聚散《しゅうさん》がある。死後の霊魂（気）にはしかし理に対して感格のはたらきがあり、祖先を祀《まつ》れば郊や廟に格《いた》る。この格るということについて菅山は「洋洋乎として其の上に在すが如く、其の左右に在ますが如し」と言う。この見解に従えば、重要なのは祀る側の心の誠《まこと》であって、死後の霊魂のありようの側には力点が置かれていない。それに対して象山は次のように考える。死後の霊魂の聚散は万物にあてはまるが、万物の霊たる人間にはあてはまらない。祖考の霊は人間が誠をつくして祀ることによってそこに現実に聚《あつ》まる。それは自分の身体は祖考の遺体であって、気の上の連続性があるからだ。このような理由によって死後の霊魂は「如在」ではなく、現に生きたものとしてある。そして象山は自分のように理解しないと、報本《ほうほん》の誠は弛《ゆる》み、祖先へのつかえ方もみだりになる、と言う。

この二人の往復の鬼神論は併せて六篇に及ぶ。私は象山の、社会秩序の基礎としての家の存続についての関心の深さにあらためて驚かざるを得ない。そして死後の霊魂を「あたかも在ますように」祀るなどと考えると、祖先へのつかえ方もみだりになるという象山の主張はわからないでもない。だが象山はここで自分が大きな自己矛盾を犯していることに気がついていない。というのは象山の言う

「家」の内容は、養子制度を認める日本的家とは違う。象山の、自己の身体が祖考の遺体であるとする考え方は、いったんその家に養子の血がはいると成立しなくなるのである。ところが現実問題としては、佐久間家は何回か家系が断絶していわゆる「両方養子」によって存続しているのである。彼の鬼神論に従えば、斎藤下野守昌信こそ祖であって、佐久間家の先祖は真の先祖にはならないことになってしまう。この矛盾を象山はいったいどう考えていたのであろうか。男系の血統の存続を重んずる中国や朝鮮では矛盾なく成立し得るこの考え方も、日本社会には適用しがたいことに気がつかなかったのであろうか。このような自己矛盾を残したまま、象山は自己の所論を通すために、朱子を離れ、詩経・書経を引き、最終的には易経を引いて断定の言を下す。彼の議論の仕方は徹底的であり、相手に逃げ道を残さない。師の鎌原桐山は「剖別精核、弁析醒快《せいかい》、議論愈々多く、頭緒愈々整ふこと、春蚕の糸を吐くが如し。……象山の論ずる所理至れり。然れども措辞《そじ》激切《げきせつ》、動《やや》もすれば人の怒に触る」と象山の美質を認めつつ、彼のやり方が人の怒りに触れることを怖れた。象山の父一学の刎頸《ふんけい》の友で、象山の烏帽子《えぼし》親であった窪田馬陵《くぼたばりよう》はさらに厳しく、象山・菅山間の往復文書を見て、「自分は別段象山に感服も左袒《さたん》もしない。象山の行状を見ると驕泰《きようたい》の気象があい変らずである。これでは議論には勝っても、象山に心服する人は多くはあるまじく、仇敵《きゆうてき》となる人の方が多いのではないか。このような状況であるから、同人の驕泰の念はますますつのって、わざわざ江戸中に仇敵を求めるようなものだ。これでは名を知られても、徳義においては好ましいことではない」という趣旨の手紙を桐山に書き送っている（天保十一年一月五日）。

この馬陵の手紙の背景には、象山が馬陵に送った手紙がある。それに曰く、「当年出府以来も所は有名の家を叩き見候所、私より義理に致し二三目《もく》も置て談じ候者は一斎・（松崎）慊堂《こうどう》一両人耳、其他は大門戸を成し居候者にても、経義抔《など》は殊に未熟の者勝《がち》にて御座候。私只今の存念にては不遠一家をなし候得て衰廃の家名を興し、御国家の御文飾に成候心得に御座候」（同年九月十九日附の綿貫新兵衛宛の書簡にも同様の文がある）。老齢の馬陵は、象山の天狗《てんぐ》ぶりが気になって仕方がなかったのであろう。「未熟の儒家を叩き隙《ひま》を費し候より、精学いたし候方と奉存候」（同上）としるしている。

この象山をますます得意ならしめることがおこった。天保十一年（一八四〇）の春「江戸名家一覧」が刊行され、数え年三十歳の象山の名が大家たちと並んで録されてあった。彼は次のような詩も附して、この名家一覧を桐山の許《もと》に送っている。「功名を好まず、財に近づかず。風に吟月を弄ぶを生涯と号《なづ》く。巻中英俊万余の指。誰か象山と此の懐ひを等しくせん」。象山は、自分が日本を代表する「士」であると考えたので、それにふさわしい生き方を維持するに足る禄は武士社会の慣行に反して堂々と求めた。しかし不当の財は求めなかった。名の方はどうであろう。自分に頼むところの大きかった象山は、自分の力にふさわしい名は求めたと思う。名に恬然《てんぜん》たる洒脱《しゃだつ》の人であったとは思えない。しかし虚名は求めなかった。

第一四話　邵康節の研究

またこの春、象山は『邵康節先生文集』を編纂《へんさん》した。それまで日本の朱子学者で邵康節（一〇一一—七七）を研究した人はほとんどなかった。わが国の宋明儒学研究の泰斗《たいと》楠本正継博士は邵康節について、「彼は程伊川によって「数を推して方に理に及ぶ」と評された人である。彼の主著『皇極経世書』について『性理大全』の中で邵伯温《しょうはくおん》は「皇極経世書は天時を以て人事を経し、人事を以て天時を験し、万物の数を窮めて、その理を尽し、以て大中至正の道を明かにし、陰陽の消息、古今の治乱が分る」（楠本正継『宋明時代儒学思想の研究』、二九頁）と説明しているが、これによってわれわれは邵康節の思想的傾向をうかがうことができる。

ところでなぜ象山は邵康節を受けいれたか。象山の長年の易への傾倒が、邵康節への共感とその思想への理解を生み出したといえよう。では象山は彼から何を学んだか。この文集の序に云う、「学を為すの要は、格物窮理に在り。……今の人、試みに之と物理と言へば、輒《すなわ》ち曰く、吾方《まさ》に人倫日用を窮むるにこれ暇せず。而して何ぞ暇して物の理を窮めんや。嗟乎、豈人倫日用、物理を外にする者有らんや。余未だ物理に昧《くら》くして人倫日用に周《あまね》き者を見ず」（『象山全集』巻一、象山浄稿序、六〇頁）として、自分はこのような態度を邵康節から学んだとし、「物理を窮めんと欲する者は、必ず当に邵子より入るべし」（同上、六一頁）としている。物の理を窮めることに非常な関心をもち、しかも朱子学的人倫や社会秩序の維持につとめた邵康節は、象山に、朱子学の体系を壊すことなく、物の理を窮める論拠を与えたと言うべきであろう。

天保十二年（一八四一）、この年は十一代将軍家斉《いえなり》がなくなり、水野越前守《みずのえちぜんのかみ》が天保改革に乗り出し、高島秋帆《たかしましゅうはん》が徳丸ヶ原《とくまるがはら》で洋式演習を始め、そして渡辺崋山が自刃《じじん》したのだが、象山の生き方の上ではそれらの社会の変動がまだ大きな影響は与えていない。彼個人でいえば、前年の秋きまりかかっていた藩侍医渋谷竹栖の長女との縁談が藩老矢沢監物の死によって頓挫《とんざ》したこと、「桜賦《おうふ》」（万延《まんえん》元年〈一八六〇〉作）とならんで象山の代表的賦とされている「望岳賦《ぼうがくふ》」が完成したこと、五月九日、四書音訓の訂正を藩から命ぜられ、併せて江戸滞在の理由づけを与えられたこと（このことについては藩主幸貫の思惑《おもわく》もあって将来加増してやるための伏線となるものであった）、そしてこの月、彼の私塾「象山書院」の「学約」が定められたこと、九月に学問所頭取を命ぜられ、松代学問所に「功課簿」を頒《くば》って、学習者に毎日その学習事項を書き入れさせるようにしたこと、などがあげられる。

以上を見ると、この年は自己の文学上の創作の試み、教育・研究の上の仕事に専念し、象山としては比較的穏やかな一年であったといえよう。藩から命ぜられた四書音訓の訂正の仕事は、天保十四年に完成し、その年の十二月に藩としてその功を賞して佐久間家の旧禄百石に加増してやったが、肝腎のこの本は上梓《じょうし》されていない。ただ「四書経注旁釈大学之部」だけが京都大学図書館に蔵されていて、その影印版《えいいんばん》が『象山全集』第一巻の巻末に附されている。これを見ると、テキストはいうまでもなく朱子の『大学章句』が用いられ、それに返り点や訓点が施され、一つ一つの字句の必要な箇所の右傍《わき》に漢文で簡潔・的確にその字句の意味がしるされていて、朱子学派に立脚した穏当な教科書というべきであろう。

こうしてふりかえってみると、この年（象山は数えどし三十一歳）までの象山はまだ西洋の科学や軍事技術になんらの関心も示さず、熱烈な朱子学者として終止したといえよう。佐藤一斎、大塩中斎《おおしおちゆうさい》、山田方谷、林良斎《はやしりようさい》、池田草庵、吉村秋陽、東沢瀉、春日潜庵等の陽明学者が簇出《ぞくしゆつ》し、志士たちも陽明学に引かれる人がかなりあった時代、そして横井小楠のように基本的には朱子学に立脚しながら、しかもそれは陽明学を通過した朱子学であった、というようなことが多かった時代に、象山はあくまで朱子学を正学として主張している。彼の陽明学排撃の理由は二つあった。第一は「心即理」を主張する陽明学では外界の物の理を明らかにすることができない、ということである。第二は、陽明学は社会秩序を否定する危険性がある、ということであった。

さらに朱子学者内部での彼の立場を考えると、朱子学の理の観念が道理と物理の両面を含みつつ、道理の面を基調とするということから、物理を窮めることを放棄して道理を窮めることのみに関心を集中するような人（たとえば大橋訥庵、これについては後述、また学者ではないが、高島秋帆や渡辺崋山・高野長英《たかのちようえい》らに対して厳しい態度をとった鳥居耀蔵《とりいようぞう》〈林大学頭《はやしだいがくのかみ》の実弟〉もこのタイプに属する）が多かったのに対して、象山は物理を窮めることの必要性を説いたところにその特色がある。しかし理の観念の追求が物理の次元だけに止まってしまっては、近代西洋の自然科学になってしまって朱子学ではなくなってしまう。象山は、物理と倫理の関連づけに大きな関心をもって、両者の関連づけをなした邵康節から、さきに見たように多くのことを学んだのである。

第三章　兵学への開眼

第一五話　松代藩主・真田幸貫

天保十三年（一八四二）から象山の生涯は大きく変わる。しかしその伏線はその前年の六月十三日に成立している。それは藩主真田幸貫が幕府の老中に登庸されたことを意味する。しかし天保十二年までは象山はまだ儒学の圏内にいる。幸貫が武事に張りきりすぎて老中仲間に乗馬を教えるようなこともあって（彼は馬術の達人であった）、象山はそのようなことは他の人に任せて『大学』の講義をしてやったらどうでしょうか、という献言をしている。しかし天保十年から始まったアヘン戦争も、この年には清国の敗色が濃くなって、象山も防海のことが気になり始めたらしい。ただまだ行動には出ていない。象山の第一歩は、幸貫が海防掛に任ぜられ、その内意を受けて（十月九日、加藤氷谷宛書簡）天保十三年の九月七日に韮山《にらやま》代官の坦庵江川太郎左衛門《えがわたろうざえもん》へ砲術修行のために入門したことから始まる。この砲術は洋式砲術であり、これを機として象山は西洋文明の中に一歩踏みこむことになったのである。このことは、象山を海防問題についての自己のブレーンとするための幸貫の配慮から出た行為で、そのためには西洋砲術を実地に学ばせることが肝要と考えたからである。そしてこの年の十一月に「海防八策」として知られる上書（正式には「感応公に上りて天下当今の要務を陳ず」）が象山によって書かれるのである。そして彼はこの後かつて思ってもいなかった未知の世界にはいってゆき、松代藩の象山から日本国の象山へと変身してゆく。

これらの事柄については次節にまわして、象山の運命に最も深く関わった藩公真田幸貫のプロフィールを主として大平喜間多著『真田幸貫伝』（昭和十九年〈一九四四〉）に拠りながら描いておきたい。

幸貫は、松代藩の第八代の藩公であるが、養子として真田家を嗣《つ》いだのであって、楽翁松平定信《らくおうまつだいらさだのぶ》の次子であった。儒学の古賀侗庵《こがとうあん》その他文武に渉って最高の師の教育を受け、当時の柔弱な殿様とは違っていた。象山の書いた墓誌銘には「公生まれて異質なり。聰慧絶人《そうけいぜつじん》、気貌俊爽《きぼうしゅんそう》、声は遠鐘の如し」と書かれているが、墓誌銘にありがちな逸美の言ではなかったように思える。この幸貫が最も尊敬し、自己の生き方のモデルとしたのは父定信であり、父の遺志を生かすのが彼の政治家としての抱負であったように思える。伝記には容貌・体骼・性質まで定信によく似ていたとあるが、文事の教養の点では父定信に一籌《いっちゅう》を輸《ゆ》するであろう。しかし、武芸の嗜みが深かったことと関係があるのか、性格は父より闊達《かったつ》で度量が大きかったように思える。寛政三年（一七九一）に江戸築地《つきじ》の白河藩邸に生まれ、文化十二年（一八一五）に真田幸専の養嗣子《しし》になることが決定、文政六年（一八二三）、養父の死に伴って八月二十八日に松代十万石を襲封《しゅうほう》した。当時松代藩では養父の幸専は病弱であったために政治は家臣任せで藩政は紊乱《ぶんらん》していた。彼がまず手始めにやらねばならなかったのは藩政改革であった。

幸貫は文政七年の「初のお国入り」（初入部）以前に、まだ嫡子《ちゃくし》の頃、微服して藩内を見廻わり、政治の得失、人情風俗のありよう、土地の肥瘠《ひせき》、物産の状態などすべて自分の眼で観察している。着任後重役たちに会い、彼らの報告に接し、その信頼しがたいのを知ってまず人事の刷新をおこなう。さらに職制の改革をおこない、下意上達の必要を感じ、士分以上の者にはすべて上書の権限があるとする。

幸貫の施政の二つの柱は、藩財政の建直しと国防の充実ということにあったと思われる。そしてそれらの政策を担うのは人であるという認識から人材を登庸し、言論の洞開《どうかい》をはかった。非常にやる気のある殿様で、幸貫主導の下に松代藩の幕末の藩政改革はなされた。その反面やり過ぎて藩士の怨みを買うという欠点もあったが、この時の藩には諫言《かんげん》を惜しまない誠実で個性ある家臣がかなりいて、しかも幸貫は彼らの諫言に耳を傾け素直に聴くという度量の大きさがあり、それが藩の改革を成功させたものといえよう。

藩財政の建直しという点では、まず支出の削減をはかり、伴《とも》まわりの簡素化をはかり、自分自身の生活を質素にし、無役の士の減禄、「嫡子勤仕の罷免《ひめん》」（ただし無給でもよければ出勤しても可）というように士分の者にかなりの出血を強《し》いた。そしてそれによって浮いた金で「社倉」の充実をはかり、饑饉・災害に備えた。この政策は当初藩士たちの怨みを買い、「白河の大泥水が押しこんで真田の稲を台なしにする」という狂歌《きようか》がつくられたくらいであるが、天保七、八年の大飢饉の際も、弘化《こうか》年間（一八四四―四八）の大震災の折もこの藩では一人の餓死者も出なかったということによって、彼の福祉政策の正しさが見直された。

他方経費節減ということだけでは藩財政の建直しはうまくいかないので、荒地の開墾と産業の開発、薬草の栽培ということも試みた。この藩には『日暮硯』で知られる恩田木工の伝統があり、彌津左盛のような経済政策に長じた家臣があり、民間には吾妻銀右衛門のような有能な人もいて、それらを活用して藩財政や民力の充実をはかった。

これらの方法による経済の充実をはかった上で、幸貫は藩の武力の充実をはかったのである。

第一六話　幸貫の目的と象山の有用性

幸貫が武力の充実をはかったからといって、それは隣りの藩を征服したり、討幕を企《くわだ》てたりしたということではない。幸貫には、武士は国防の責任を負うべきであるという使命感があり、それは福祉政策への責任感とともに定信から受けついだものといえよう。

しかし藩が武力を強くすることは幕府の猜疑心《さいぎしん》を招く。幸貫はそこで社倉の中に穀物だけでなく金をも貯《たくわ》えて幕府の眼を避けた。藩には佐久間庸左衛門（庸山《ようざん》）という大砲鋳造の名手がいて、和式の大砲ではあったが天保七年（一八三六）にすでに十二支砲というかなり大型の大砲を鋳造し、嘉永七年（一八五四）に松代藩が浦賀《うらが》の警備に任ぜられた時は、必ずしも大藩とはいえない松代藩（十万石）は大砲二百門、小銃三千挺《ちよう》を装備し、諸藩の中でも抜群であったという。海防家としての着眼において、幸貫は象山の先駆者であったといえよう。

ただ藩財政の整備や福祉政策の充実は一藩の問題であったが、全国的規模の国防すなわち海防は本来幕府の責任事項であって、幕府はその責任において海防の充実をはかり、必要あらば諸藩にも応分の負担をさせるべき種類の性質のものであった。それができなかったところに幕府当局の見識の不足と力の衰退ということがあった。海防の責任を強く感ずる諸藩においては、国防費の充実と藩財政の整備の間のバランスをとることはけっして容易なことではない。松代藩の藩の力を考えた場合、これだけの武力を備えることはかなり無理ではなかったかと思われる。国家の立場で考えるか、藩の立場を考慮するか、藩士の心も揺れ動いたに違いない。また国家を主とする立場で考え行動する象山のような人間と、藩財政の堅実化、藩の人心の統一を主として考える人間、との人間関係は当然うまくゆかないので、その間に立って藩主の幸貫や、象山が国家有為の才能であることを知る輔佐《ほさ》の臣や友人たちは、その間の調和をとることに心をくだいた。

幸貫は海防の問題は藩を越えた問題であることをよく知っていた。彼が老中となりたいと思っていたのは全国的規模で自己の抱負を実現したかったからであろう。彼が海防掛を命ぜられたのは、彼のそのような抱負と見識とが水野忠邦《みずのただくに》を筆頭とする幕閣に認められたからである。

そのような抱負をもつ幸貫にとって、象山は是非必要な家臣であった。かつて幸貫は、側近の画家三村晴山《みむらせいざん》に「修理は疵瑕《しか》多しと雖も、亦英雄なり」と語ったという（『先公手沢太宰府都府楼瓦硯記』）。彼はまた「予の家臣中ずばぬけた駿足は啓之助で、将来どんな者になるか楽しみだ。しかしちと悍《かん》が強過ぎて頗る難物である。恐らく予の他には、よくこれを馭し得る者はあるまい」と評したともいう（大平喜間多『佐久間象山』、一八頁）。幸貫は象山が大器として伸びることを期待し、江戸への留学も許し、四書註釈の仕事も与えて佐久間家の旧禄百石に復してやった。幸貫は象山にとって名伯楽であった。幸貫の庇護《ひご》がなければ象山はその才能をはばたかせることができなかったであろう。

幸貫が象山のためにどんなに心をくだいていたかは、弘化四年（一八四七）六月八日に川路聖謨への手紙の一節に明らかである。「佐久間修理も何分可惜者に候が種々の義在之、蘭学の弊も交り申し候。何卒無滞召仕度と心配申候が如何か、日本遊歴の願い出申候。これも尤の事も在之、今少々も修行心事のかた居合ひ申候はゞ国家（有）為の人と可相成やにて遊歴も可然やなど考居申候も可在之候が、才智と申し非常の人物に候処、可惜明徳暗くそれ故に衆人と接合皆敵となり、一団の和気と申す場は遠く在之候」（大平喜間多『真田幸貫伝』、一六〇頁より引用）

幸貫と象山の関係を、徳川斉昭《とくがわなりあき》と藤田東湖、松平 春嶽《まつだいらしゅんがく》と橋本左内との関係に比することもできようが、左内・東湖にくらべると、象山は藩内の地位の安定度において劣るように思われる。幸貫の庇護がなければ、象山はその才能をはばたかせることができなかったであろう。彼は幸貫の死後、さきに引用した三村晴山に語った幸貫のことばを引いて自分はこれを聞いて感激流涕《りゅうてい》したが、それにこたえるには徒《いたず》らに感激流涕するだけでなく「其の詩書六経《りくけい》を講究し、以て其の体を明かにせんと欲する、其の史子百家を歴観し、以て泰西の学に洎《およ》び、以て其の用を達せんと欲する、皆万一に報ぜんことを図る所以に非るは莫きなり」（『先公手沢太宰府都府楼瓦硯記』）と述べている。象山の知的活動は、彼の内面からの発動であったとともに、幸貫の知遇にこたえようという面があったことも閑却《かんきゃく》できないであろう。

象山は海防掛になった幸貫の内意を掬み、一方では箕作阮甫などの洋学者に世界の大勢を学び始める（阮甫は杉田成卿《すぎたせいけい》とともに幕末の代表的蘭学者で、わが国の西洋史学の開拓者でもある。鹽谷宕陰《しおのやとういん》とともに魏源の『海国図志』の校訂をなす）。しかし他方では、洋式砲術を実地に学ぶために江川坦庵の門に入門する。

第一七話　洋式砲術伝授を拒否する江川坦庵

天保十三年（一八四二）九月六日、象山は江川坦庵の許に入門した。象山は坦庵の第一号の弟子であった。しかし象山と坦庵との出会いは不幸な出会いであったと言わざるを得ない。そこには両者の性格の相違ということもあるが、象山側と坦庵側の意向の違いというものがあった。一日も早く洋式砲術を学びたい象山、また象山に学ばせたい幸貫と、自分の置かれた状況を考えると幕臣以外の者にはまだ教えたくなかった坦庵との間に基本的なくい違いというものがあったのである。坦庵のこのような気持の背後には、鳥居耀蔵と坦庵の洋式砲術の師であった高島秋帆とのその折の微妙な危険な関係があった。さらにその背後を考えると、蛮社《ばんしゃ》の獄《ごく》事件をめぐる耀蔵と坦庵との表面的にはさりげなく見えて、その奥には緊張の糸を張りめぐらした関係があった。坦庵にすれば、秋帆を崋山のようなめには会わせたくないと必死になって心くばりしている時に、そのような状況にお構いなく強引に入門を強要してくる象山が、まるで土足で部屋に上ってくる来客のように思えたのではあるまいか。他方象山には海防の危機、国家の危機という大義名分があり、また使命感がある。幕府の老中で海防掛をしている真田幸貫の力を背景に、断われども断われども押しかけてくる象山は、『江川坦庵』の著者沖田正之氏の言われる通り「うとましい」存在であったに相違ない（同書、一二三頁）。しかしおそらく象山からすると、坦庵は日本の国家的危険を前にして知識の公開をしようとはしないケチな男として眼に映ったに相違ない。

蛮社の獄が崋山・長英の死という不幸な結果に終った後、鳥居耀蔵の次のターゲットは高島秋帆であった。耀蔵は林大学頭の次男で、朱子学を正学と考えるが故に西欧文明を拒否するという大橋訥庵タイプの男で、しかも執拗《しつよう》きわまりない性格の能吏である。この男に秋帆はねらわれたのである（中山義秋の作品に耀蔵についての小品があり、そこに描かれた妖気迫る耀蔵の印象が忘れられない）。

他方秋帆は長崎の富裕な町人で、町人でありながら父の代からオランダ商館長から西洋砲術を学んでいた。長崎では長崎町年寄《まちどしより》と長崎奉行直轄《ちょっかつ》の鉄砲方《てっぽうがた》の地位について、銃砲の輸入の仕事につき、その利益で銃砲に関する蘭書を求めて、砲術・兵学についての知識を精密にするとともに、砲術の操練を私費で人々に教えた。天保十一年、アヘン戦争における中国の敗北に接するや、いても立ってもたまらない気持で洋式砲術採用の必要を説く上書を、長崎奉行の田口加賀守喜行《たぐちかがのかみよしゆき》に提出した。廻送されたこの上書を見て水野忠邦は鳥居耀蔵の反対にもかかわらず秋帆を呼びよせ、その砲術を見ることを決断する。その決断の背後には、坦庵の強いはたらきかけがあったことはいうまでもない。

天保十二年（一八四一）五月九日、徳丸ヶ原（現、東京都板橋区高島平《たかしまだいら》）での演練は大成功であった。幕府は秋帆を賞するとともに、幕府直参《じきさん》一人に限って高島流の伝授を命じ、諸大名への伝授を禁ずる（七月二十五日附）。

ところで江川坦庵はこの演練の一月前の四月十日に、秋帆の門人となっていた。坦庵は当然、砲術教授の弟子に自分が選ばれることを望み、秋帆もそれを望んでいたが、なぜかそれが果せず下曾根金《しもそねきん》三郎《ざぶろう》が指名の対象となる。おそらく耀蔵の妨害があったと考えられる。しかし七月九日に坦庵の懇請が聴きいれられて下曾根金三郎ではなく、江川太郎左衛門に伝授するようにという沙汰が下される。しかしその折すでに金三郎への伝授は終っていたので、高島流砲術の伝授を受けた者は下曾根金三郎と江川坦庵の二人となる。

ところで翌天保十三年十月二日、秋帆はもちろん一族・一門はことごとく検挙され、秋帆は江戸に護送されて伝馬町《てんま》の揚屋《あがりや》に投檻される。秋帆に怨みをいだく本庄茂平次《ほんじようもへいじ》が耀蔵にとりいって秋帆の誣告《ぶこく》をおこない、耀蔵はその讒訴《ざんそ》を家臣に命じて四冊の報告書にまとめ上げさせ、これを評定所《ひようじようしよ》に提出した。そして評定所会議は耀蔵のリードによって秋帆の詮議《せんぎ》を行うことを認め、つづいてこの報告書の内容の検討を続行した。耀蔵は新たに長崎奉行に転出することになった姻戚《いんせき》の伊沢政義《いざわまさよし》にこの報告書（の写し）を貸し、秋帆についての調査と、アヘン戦争に関する情報を提供する長崎会所——秋帆もその一員——の粛清《しゆくせい》を依頼する。秋帆問題とアヘン戦争報告問題が一つのセットになっていたことは注目に値する。中国敗北という間違った情報を提供し、それによって洋式砲術を受容させ、併せて武器輸入の利を謀る者として秋帆像を自分の心の中に形づくって、秋帆を罪におとしいれ、洋式砲術の受容をくいとめたい、これが耀蔵の動機であったと思われる。デッチ上げの事件であるから評定所の裁定はなかなか下らない。一つでもアラを探しておとしいれようという耀蔵、このような状況についての情報を探りながら師の無事を願う坦庵——八月五日の入門依頼以来、坦庵が象山に断わりつづけたのにはそのような背景があった（この章については仲田正之氏の『江川坦庵』〈人物叢書〉に負うところが多い）。

第一八話　アヘン戦争の衝撃と兵学開眼

前節で書いたことは、なぜ坦庵が象山を容易に門弟としようとはしなかったか、という疑問に対する答である。しかしそれは充分な答ではない。一つ補足すると、当時の幕府は幕臣にのみ高島流砲術の伝播《でんぱ》を限定したいという希望があり、坦庵は耀蔵への刺戟を怖れ、秋帆の身を案じ、まず幕閣の許可を得てからという慎重な態度をとることが必要だと考えていた。八月九日に坦庵は「高島流砲術指南之儀ニ付伺書」を勘定所に提出し、九月六日にその許可が下りて、やっと九月七日入門ということになる。その後同藩士金児忠兵衛《かねこちゆうべえ》以下多くの士卒が松代藩から入門した。そして坦庵は九月二十三日には真田幸貫の招きで松代藩邸を訪れ、まず柏木総蔵《かしわぎそうぞう》以下の自分の家臣十五人で、ついで象山以下松代藩の士卒十五人で調練を披露した。象山の坦庵の許での第一回の訓練は九月末までで、十月七日「郡中横目職《よこめしよく》」を命ぜられたので、その後ひとまず帰藩することになる。その帰藩の前に上田《うえだ》藩の旧友加藤氷谷に宛てた十月九日附の書簡は、このたびの坦庵への入門が象山にとっていかに大きな意味をもつものであったかを示している。彼は言う、「拙者にも内意有之、此節専ら外国の地理人情を討究致し候。其義に付、豆州韮山《ずしゆうにらやま》の江川県令に致出会《であいいたし》、はからずフランス法の火術の談に及び一通り承り候処、是迄世間有来り候砲術とは格別の事と被存《ぞんじられ》、先いづれにも彼を知り己を知り候を兵の本と致し候事故、近来彼にて専らと致し候術を得候て、夫《それ》につきて勝を制し候義をも考へ申度、其門に入候て研究候に、増す〳〵実用有之事どもにて、当今の武備是に過ぐべからずと存候故、寡君（真田幸貫のこと）へも其段申候て足軽の者を借り受、銃陣等を習はせ致、進退候処、彌《いよいよ》面白く覚え申候」（『象山全集』巻三、二一六頁）。これを見ると、この入門は象山にとって西洋の砲術や兵学への開眼を意味し、けっして無駄ではなかったことがわかる。

さらに重要なことは彼における意識革命である。彼は言う、「談兵も講学家の一端にて、本より儒術中の事に御座候。迚《とて》も入て相となり出て将となるの規模無之候ては、正学も畢竟無用に属し申候」（同上、二二七頁）。この文を一年前に彼が定めた私塾象山書院の「学約」に「凡そ此の中に在る者は、聖賢の学を以て志と為し、世俗の浮華の習を除去し、読書は務めて小学を以て先と為し、次に四書、次に五経、以て周程張邵朱諸子の書に及び、務めて序に従ひ精を致すに在り、鹵莽躐等《ろもうろうとう》（軽卒で学習の順序を乱すこと）するを得ず。非理無益の書は妄りに看るを許さず」（『象山全集』巻一、文稿一一四頁）としたきわめてオーソドックスな朱子学による教育理念とくらべると、その飛躍には眼を見張るものがある。朱子学者象山は、朱子学者であることを放棄せず、しかも「兵学者」象山となる。この両面がどのように関連するかは追々見ることにして、この象山の兵学者への変貌の背景には、アヘン戦争における中国の敗北による衝撃があったことを見落してはならない。この書簡に言う、「時に清国英吉利と戦争の様子は近頃御伝聞候や。……近来の風聞にては実に容易ならぬ事に被存候。事勢に依り候ては、唐虞《とうぐ》以来礼楽之区、欧邑洲の腥穢《せいわい》に変じ申されまじきとも申難き様子に聞え、扠々《さてさて》嘆は しき義に有之候」（『象山全集』巻二、二二五頁）。これまで千数百年間、日本が「模範国」と仰いだ中国のアヘン戦争における敗北による衝撃は、日本の知識人や政治家の方が清朝の知識人や政治家に与えた衝撃以上に大きかったのではないかと思われるが、象山のケースはその典型ともいうべきであろう。

象山はこれに先立って幸貫に「海防八策」を上呈していることが、この氷谷への手紙で知られる。左にこれをしるす。

其一　諸国海岸要害之所、厳重に炮台を築き、平常大炮を備へ置き、緩急の事に応じ候様仕度《つかまつりたく》候事

其二　阿蘭陀交易に銅を被差遣候事、暫《しばらく》御停止に相成、右の銅を以て西洋製に倣ひ、数百千門の大炮を鋳立《いたて》、諸方に御分配有之度候事

其三　西洋の製に倣ひ堅固の大船を作り江戸御廻米に難破船無之様仕度候事

其四　海運御取締の義、御人選を以て被仰付、異国人と通商は勿論、海上万端の奸猾《かんかつ》厳敷《きびしく》御糺《ただ》し有御座度候事

其五　洋製に倣ひ船艦を造り、専ら水軍の駆引を習はせ申度候事

其六　辺鄙《へんぴ》の浦々里々に至り候迄学校を興し、教化を盛に仕、愚夫愚婦迄も忠孝節義を弁へ候様仕度候事

其七　御賞罰彌明らかに、御威恩益《ますます》顕れ、民心愈《いよいよ》団《だん》結仕度候事

其八　貢士の法起し申度事

このプラン自体は群を抜いてすぐれたものとはいえない。山路愛山《やまじあいざん》の言うように『新論』の国防策

の圏内にある（山路愛山『佐久間象山』）。しかしそれに伴う考え方には象山独自のものがある。

第一九話 「海防八策」に見る象山の危機感

俗に「海防八策」と言われている「感応公に上りて天下当今の要務を陳ず」（天保十三年〈一八四二〉十一月二十四日）と題する上書は、おそらく同年十月初めに書かれたと思われる「海防八策」（前節参照）についての象山の詳しいコメントと考えたらよい。象山流に微に入り細を穿《うが》って書かれたきわめて論理的な構成の長篇の上書であるが、その要点は、敵と戦って勝つのは悪くはないがまだ戦の上々なものではなく、我の備えを怖れて敵が戦うことを諦《あきら》めるのが上々の戦法である、という基本的考えに立って、わが国の海防のあり方を論ずるところにある。

この論の前提は、アヘン戦争に勝利を占めたイギリスの次の目標は日本にほかならない、ということにある。イギリスは日本に交易を求め、日本が許可しない場合は、必ずや種々の難題を吹きかけてくるだろう。「彼国は唯利にのみ走り候習俗」であり、「元来仁義を弁へぬ夷狄」であるから、わが国が先方の要求を認めない場合は兵端を開き、わが国を憊《つか》らすことになるだろう。わが国の方ですんなり交易を認めるならば事はないかもしれないが、それは公儀の恥辱であり天下の剛毅《ごうき》強勇《ごうゆう》の気を斥ける。だからといって戦えば、当今の形勢ではわが国の勝算は至って乏しい。いったいどうすればよいか。

この問題は従来とは発想を変えねば解決できない。「徳川家」の立場を超えて、国家の立場、「天下」の立場に立って問題に対応してゆかねばならない。象山は言う、「外寇の義は国内の争乱とも相違仕、事勢に依り候ては、世国万国比類無之、百代聯綿とおはしまし候皇統の御安危にも預かり候ことにて、独り徳川家の御栄辱にのみ係り候義に無御座候へば、神州闔国《こうこく》の休戚を共に仕候事にて、生を此国に受け候ものは貴賤尊卑を限らず、如何様とも憂念仕る義と奉存候」(『象山全集』巻二、上書三一―三二頁)。この危機を乗り越えるために自分は「海防八策」をつくったのであるが、そのうち最も重要なのは、(1)洋製に倣《なら》って多くの火器を製造すること、(2)船艦を建造して水軍を習うこと、の二者である。しかし(2)の問題については五百石以上の船をつくってはならない、という法がある。この問題に対してどうするか。彼は言う、「天下の為に立てさせられ候御法を天下の為に改めさせられ候に、何の御憚《おんはばかり》か御座候べき。平常の事は平常の法に従ひ、非常の際は非常の制を用ひ候事、和漢古今の通義と奉存候」(同、三六頁)。

われわれはここに、国家非常の際、天下の安危に関わることに関しては、徳川家の栄辱《えいじょく》を越えて、天下の為に考え、天下の為に行動する、という国家理性(Staatsräson)の自覚が彼において成立しているのを見ることができる。そして彼の前に、日本人の、そして何よりも自己の模範的人物として、「ペートル」(ピョートル大帝)が彼の中に浮んできたことも、この上書において閑却することのできない事柄である。皇帝の身でありながらみずからオランダに渡り、造船術をマスターして、「頑愚の国」を「名誉の国」に変えたピョートルは、この後象山の書いたものの中に繰り返しあらわれる。

象山はこの上書を書いて意気が昂《たか》ぶった。そして韮山に行き砲術をきわめたいと思う。われわれも彼とともに韮山に視点を移そう。天保十三年の十月、坦庵は韮山に帰って幕府の許可を得た上で大砲の鋳造を始める。他方、以前から幕府に貸与を頼んでいた訓練用の大砲・小銃も無事に韮山に着いた。諸藩からも訓練生が集まり、いよいよ正式の訓練が始まることになる。

象山は天保十四年の正月十八日に江戸を発《た》ち韮山に向う。それより先、象山は十月末の幕府の借用大砲の輸送に便乗して、真田家の銅二百六十貫目と鉄百六十貫八百目余と共に自分の夜具や机を江川側の諒承《りようしよう》を得ないまま便乗して送ったという。銅や鉄はおそらく松代藩の大砲鋳造の材料であろう。もしかするとその鋳造の過程で技術も学ぼうと考えていたのかもしれない。夜具や机はおそらく滞在に長期化を予想しての措置《そち》であったと思われる。

しかし象山の韮山滞在は四十日余りで、しかも実際の訓練は二月九日までであったというから僅かに二十日足らずにすぎない。彼は二月末日に「幕内立入《まくうちたちいり》」（免許の初歩の段階を示すものであろう。坦庵の塾ではその後その上に「目録《もくろく》」「免許《めんきよ》」「皆伝《かいでん》」等の段階ができた）を許されて江戸に帰る。

この段階での坦庵の塾での教育は、門弟に山野を跋渉《ばつしよう》させ、「力業《りきぎよう》」（力仕事）を命ずるのみで、身心の鍛錬にすぎなかった。象山には大きな抱負があり、自分には特別の教育をして欲しい、学理なども教えて欲しい、という希望があった。また当然そうしてくれるだろうという期待もあった。ところが坦庵は象山を特別扱いすることをしなかった。塾の日課としての朝の素読や小学・論語の廻講《かいこう》にも出席せねばならなかったという。象山は深い失望感をもって二月末日に韮山を後にする。

第二〇話　江川への失望と砲術の体得

なぜ坦庵は象山のために特別の配慮をしてやらなかったであろうか。これにはいろいろの理由が考えられる。前記仲田氏は、この消極的な教育の理由を、象山の韮山滞在の時期が高島秋帆の身柄が江戸に到着したばかりで、坦庵としては極力派手な行動を避けねばならなかった時期であったからだ、としている。あるいはそうであるかもしれない。しかしまた多くの象山伝が語るように、坦庵自身の砲術研究がその頃は未熟で、坦庵は教えつつ学んでおり、高度な学理を象山に教える力がなかったということも考えられる。あるいは坦庵は多くの学生をかかえており、集団訓練における規律の必要を重視して、象山を特別扱いするわけにはいかないと考えていたのかもしれない。今日残されている韮山塾の記録を見ると、後年の教育の仕方はきわめて組織的で、小銃・大砲の操練も進み、小銃・大砲自体が象山が学んだ頃とは比較にならないほど改良されて、そこでの教育はかなりの成功をあげている。坦庵の秩序だった段階的教育の方針が後年そのようなかたちに稔ったのであろう。実務者教育としては間違っていたとは言えないと思う。しかしそれにしても象山をどうして若い連中と一緒に三日間の耐乏訓練に引っぱり出す必要があったのか（仲田正之『江川坦庵』、一四〇頁）。両者の関係にしっくりゆかないものがあったことは否定できない。象山が自我が強くて集団生活がうまくできず、若い訓練生と折合《おりあい》が合わなかったのはその通りであろうが、韮山塾での象山の姿は、太平洋戦争中の日本の軍隊で、知的にも身体的訓練においても非常にすぐれていながら社会的適合力をもたない三十三歳の召集兵が、若い初年兵と一緒に初歩の訓練を受けて、三日分の弁当を一日で食べるというへまをやってイビられている場面を連想させずにはおかない。

個人的な感情の問題は別として、坦庵と象山とのくい違いには、徳川家の能吏としてその中での心づかいを細かくやりながら、その中で自分の考えの現実化をはかってゆく実務家坦庵と、徳川家の栄辱を越えて天下という立場で問題を捉えてゆく知的豪傑象山との差（投獄された秋帆のことを思うと、坦庵は象山の強引さが恕せなかったのであろう）、また段階を追い、師弟の緊密な関係の下に教育をつづけて、その上で秘伝を授けるという伝統的教育観をもっていた坦庵と、開放的教育を考える象山との相違、ということがそこにある。

坦庵が高度な知識や技術を、他の学生と区別して特別に教える気がないことを知った象山はここに見切りをつけて江戸に帰る。先を急ぐ象山には時間が惜しかった。両者の関係には一部で疑われているように破門という関係はない。象山は帰府後いちおう叮重《ていちよう》なお礼の手紙を出している。しかし彼はすぐに下曾根金三郎（一八〇六―七四）の門にはいる。金三郎は筒井《つつい》政憲《まさのり》（プチャーチンの応接係）の第二子で、かつて渡辺崋山の門人であったが危うく蛮社の獄の連累《れんるい》を免れ、江川坦庵とともに高島流砲術指南を許されたことはさきに見た通りである。当時の世評に「韮山様とは大違、実用嫌の花麗好《かれいず》き」と言われていた（国史大辞典）。

ここでは伝書《でんしょ》を自由に貸してくれた。後に母への手紙に象山は次のように書き送っている。「私がおらんだ書を読み候はぬ以前、江川へ参り砲術習ひ候頃、江川にてはけしからず伝書《でんしょ》など惜み候て、中々三年五年にては皆伝など致し候はぬ様子にて、中々私など外に大なるれうけんも御座候をなみ〳〵の人の如く鉄砲を打ち候て一生を送り候半《そうらわん》とは存じ不ㇾ申、依て其事を下曾根殿へ参りかまけ候所、夫程にこんまうに候はゞ伝書をかし候半とて借され候ひき。只今にてこそ高島の伝書など見下げ居候得共、其頃は読め不ㇾ申、先其伝書を二つなきものに珍重致し候事に候。その伝書を借し被ㇾ下候恩分有ㇾ之」（嘉永三年七月十日）。象山は下曾根に感謝するとともに、この経験によって学問の公開性の必要を痛感する。そしてのちに嘉永三年、田辺藩士柏木義武《かしわぎよしたけ》が象山の許での砲術の修業を終えて帰藩するに当り、免許皆伝の巻物を求めたのに対して、次のようなことばを書き贈っている。

予の此の術を講ずるや、之を西洋の図書に得。西洋の人は其の師友なり。西洋の人は、之を書に筆して、公然印行し、以て之を異域に伝へて惜しまず。其の識量亦大なり。故に吾が門に入る者に於て、吾が隠す無きは、子の知る所なり。又何ぞ其の巻を以て為さんや。源泉混混、昼夜を舎《お》かず。科《あな》に盈《み》ちて後進み、四海に放《いえ》る。本有るが為なり。西洋の学は固《もと》より是の如し。故に吾が学も是の如し。子の学ぶ所、子の教ふる所も、亦宜しく是《かく》の如かるべきのみ。（贈柏木生）

もちろん学術研究の公開性はすでに本居宣長《もとおりのりなが》によって説かれているが、秘密主義の強い兵学の方面においてこのような文が書かれるとは!! 象山は秋帆や坦庵の秘伝主義を見事に克服した。これは日本の学術研究上、特筆すべき文献だと私は考える。そして幕末日本の置かれた軍事的危機が却ってこのような自由な精神を生んだことに対して、歴史のアイロニーを感ぜざるを得ない。

第二一話　黒川良安にオランダ語を学ぶ

兵学研究に心を傾けた象山に、オランダ語学習という一年前には想像もできなかったことがおこった。これには逸話がある。この逸話にも二つの異説があって、第一は象山が江戸の洋学者の泰斗として知られた坪井信道《つぼいしんどう》（一七九五―一八四八）の許に行くと、こんな珍書があるからと言ってオランダの砲術書を贈られた。図を見ると非常に精密なので象山は引き入れられてしまったが、残念ながら読めない。そこで信道へ教授方《かた》を頼むと、塾頭の黒川良安《くろかわりょうあん》を紹介してくれた、というものである。第二説は、象山が下曾根金三郎の許で兵学の勉強をつづけていた時、翻訳書であるため図解が不明瞭で難渋《なんじゅう》していた。そのときたまたま居合わせた坪井信道が、自分のところに砲術書が届いたが、医者の僕には不用だから上げよう――以下は第一説と同じである。

細かいいきさつは別として、象山は西洋の砲術を勉強しようと志したが、普通の兵学者とは違って翻訳書でなく原書を読もうと決心したこと、そしてその折、黒川良安（一八一七―九〇）という良師に恵まれたこと、これが重要である。象山が翻訳書を読むことで満足していたら、魏源らの清末の洋務家とはあまり異なることはなかったろう。しかしまた黒川良安のような良師に恵まれなかったら、当時数えどし三十四歳になっていた象山がオランダ語をマスターすることは困難であったろう。そしてもし彼がここで挫折していたら、武士出身の洋学者たちがその後あのように輩出することはおそらくなかったであろう。

良安は越中《えっちゅう》新川郡黒川（現富山県中新川《にいかわ》郡上市《かみいち》町）の出身で、父は黒川玄龍《くろかわげんりゅう》という蘭法医である。文政十一年（一八二八）、父に随《したが》って長崎に行き、吉雄権之助《よしおごんのすけ》にオランダ語を学び、ついでシーボルトについて医学を学んだ。父は天保五年（一八三四）に帰郷し、富山《とやま》藩で御目見《おめみえ》医師の待遇を受けた。しかし良安はとどまって高島秋帆・緒方洪庵《おがたこうあん》らの指導を受けて医学のほかに博物・天文地理・歴史・兵書・数学・論理等を修めて、天保十一年二十四歳の折帰郷、一時金沢《かなざわ》藩家老青山図書《あおやまずしょ》に仕えたが、翌天保十二年江戸に出て坪井信道の弟子となり、塾頭をつとめていた。若いとき十二年もオランダ語を学んだのであるから、オランダ語の学力は信道以上と伝えられている。しかし彼は漢文を読む能力が弱かった。当時の医学界では漢文が読めないと一人前の学者として扱って貰えなかった。

このような経緯で象山は良安を同居せしめ、両者の交換教授が始まる。弘化元年（一八四四）六月二十一日のことである。象山が六歳年長であるが、お互いに相手を尊敬していた。良安の象山に対する感情はいうまでもないが、あの傲岸な象山が黒川には「墨乙斯《メイス》」と呼んでいる。しかもそれは下曾根に対する場合のように恩誼《おんぎ》を受けたから「先生」と呼ぶんだということではなく、心から尊敬している。良安の学力と人格の然《しか》らしめるところであろう。

象山の学力は日々進み、同年十二月の九日からオランダ語の文典の学習を始め、常人が一年かかるところを二ヶ月でマスターした。良安に二月中旬にどうしても帰省しなければならない予定があったとはいえ、象山はこの間毎日二時間しか眠らなかったという。怖るべき集中力と体力である。友人の大槻磐渓《ばんけい》は「佐久間という男はいつ眠るか判らぬ」と言って舌を巻いていたと伝えられている。

この頃であろうか、黒川良安は次のように語っている。「松代侯がある時、私を御屋敷に御招きになり謁を賜はつた上に、良安チト其の方に頼みがある。この頃其の方は修理に蘭学を教へ、修理はまた漢学を其の方に教へて居るといふではないか。修理は此の方の秘蔵物であるから、アレには一日も早く蘭学の蘊奥《うんのう》を極めさせなければならぬに依つて、其の方には別に儒官を遣はすから、漢学は其の者に教はり、修理が今日まで其の方に漢学を授けた手間だけ余分に、蘭学を修理に教へてやつてはくれまいかとの御意《ぎょい》」があった（大平喜間多『真田幸貫伝』、八六頁）。このような配慮の下に象山の集中学習も可能だったのである。

象山は良安を松代藩に採用して貰おうと配慮したが、良安の都合で彼は金沢藩の藩医となった。その後も二人の交友はつづき、嘉永三年の良安宛の手紙では、甥《おい》の北山安世を金沢の良安の許で勉強させたいが考えてはくれないかという気持を洩《も》らしている（宮本仲『佐久間象山』、八二一頁）。元治《げんじ》元年

(一八六四)象山の滞京中、良安は藩主前田慶寧《まえだよしやす》のお伴で上洛した。象山は早速加賀《かが》藩の宿舎の建仁寺《けんにんじ》に良安を訪ね、二人は久闊《きゆうかつ》を叙し、歓談尽きることを知らなかった。象山を見送った良安は西洋鞍を見て頻《しき》りに日本馬具との交換をすすめたが、豪愎な象山は聞こうともせず間もなく暗殺された。良安は惜しい人をなくした、と心から嘆いたという(大平喜間多『佐久間象山』)。

良安は幕末から明治初年に金沢における医学の近代化に非常な功績を立てた。三宅雪嶺《みやけせつれい》は良安の妹の子どもに当る。

第二二話　ギヤマンの製造と殖産興業

良安の帰郷後も象山は赤沢寛堂《あかざわかんどう》についてオランダ語の学習をつづけ、わからない時は坪井信道や杉田成卿にたずねるという生活をつづける。しかし彼にとって語学はあくまで手段にすぎない。実用の学をめざす象山は、自分の得た知識の実用化を求めてやまない。

弘化元年(一八四四)の春、彼はショメールの『百科辞典』十六冊を四十両もの金を出して藩から買って貰う。そして七月にはこの記事によって見事なガラス器を製造する。オランダ語の学習を始めて間もなくのことであるから、黒川良安に読んで貰ったのかもしれない。細工《さいく》人を呼び、彼の言いつけ通りにつくらせる。結果は上乗《じようじよう》である。彼は言う、「一体蘭製之如き硝石精等に破れざるビードロと申もの、是迄本邦にては決して出来ぬ事と致し居候事にて、たま〳〵に好事《こうず》の人蘭学致し候もの抔《など》幾度幾人となく拵《こしらえ》候はんと掛り見候ても此広き都下にて、つゐに出来候はず。皆辟易し候て手を引居候事に御座候。……私の存候は、西洋人とても三面六臂も無之、矢張り同じ人にて、本邦人なりとて片端ものにても無レ之候へば、よくよくその書を読み、考へをつけ候はゞ、必ず同じ様に出来候はんと存じ取掛り候所、果して何の苦も候はず出来申候」（弘化二年五月二十八日藤岡甚右衛門宛）。

この手紙はさらにつづいて家来にこの品を持たせてAという店に行ったらこれは西洋渡来の品で日本のものではない、Bという店に行ったら種はオランダだが細工は日本で大坂あたりでつくったのでしょう、Cという店は長崎製でしょう、と言い、「グルーングラス」については皆舶来《はくらい》と言う、とまるで子供のようにはしゃいだ手紙だ。謹厳な象山先生にしてこの面ありとは。やはり好奇心が学問の原動力であることを思わせる。この後彼は、電気医療機や地震計を作る、等のことを始めて、まるで源内《げんない》先生の後継者のようだ。

この年彼は十月上旬から十二月の初めまで帰藩する。十月十六日から月末まで領内佐野村の民情視察、藩有林の調査、坪根《つぼね》新堰《せき》の見分など、郡中横目役の職務を果す。そして十一月十三日には佐野・湯田中・沓《くつの》野三ヶ村の利用掛を命ぜられ、二十六ヶ条の「興利《こうり》」の事、ならびに八ヶ条の「祛弊《きよへい》」の事という、産業を振興するための積極的政策と、弊害を去るための禁止事項、とを報告する。この産業振興策によって彼は「二万石半地」の利益が将来年々藩庫にはいる筈だと算定した。しかし藩当局はそうは理解しないで、象山は調査費に金を使いすぎると批判した。この辺のギャップが、彼が「大法《おおぼ》

郵便はがき

料金受取人払郵便

本郷局承認

5197

差出有効期間
2024年1月
31日まで

113-8790

東京都文京区本郷7丁目2番8号

吉川弘文館 行

愛読者カード

本書をお買い上げいただきまして、まことにありがとうございました。このハガキを、小社へのご意見またはご注文にご利用下さい。

お買上**書名**

＊本書に関するご感想、ご批判をお聞かせ下さい。

＊出版を希望するテーマ・執筆者名をお聞かせ下さい。

お買上
書店名　区市町　書店

◆新刊情報はホームページで　http://www.yoshikawa-k.co.jp/

◆ご注文、ご意見については　E-mail:sales@yoshikawa-k.co.jp

ふりがな ご氏名	年齢　　歳	男・女
〒 □□□-□□□□ ご住所	電話	
ご職業	所属学会等	
ご購読 新聞名	ご購読 雑誌名	

今後、吉川弘文館の「新刊案内」等をお送りいたします(年に数回を予定)。
ご承諾いただける方は右の□の中に✓をご記入ください。　□

注 文 書

月　　日

書　　名	定　価	部　数
	円	部
	円	部
	円	部
	円	部
	円	部

配本は、○印を付けた方法にして下さい。

イ. 下記書店へ配本して下さい。

(直接書店にお渡し下さい)

(書店・取次帖合印)

書店様へ＝書店帖合印を捺印下さい。

ロ. 直接送本して下さい。

代金(書籍代＋送料・代引手数料)は、お届けの際に現品と引換えにお支払下さい。送料・代引手数料は、1回のお届けごとに500円です(いずれも税込)。

＊お急ぎのご注文には電話、FAXをご利用ください。
電話 03−3813−9151(代)
FAX 03−3812−3544

（ご注意）

・この用紙は、機械で処理しますので、金額を記入する際は、枠内にはっきりと記入してください。また、本票を汚したり、折り曲げたりしないでください。

・この用紙は、ゆうちょ銀行又は郵便局の払込機能付きＡＴＭでもご利用いただけます。

・この払込書を、ゆうちょ銀行又は郵便局の渉外員にお預けになるときは、引換えに預り証を必ずお受け取りください。

・ご依頼人様からご提出いただきました払込書に記載されたおところ、おなまえ等は、加入者様に通知されます。

・この受領証は、払込みの証拠となるものですから大切に保管してください。

収入印紙
課税相当額以上
貼　　付

印

この用紙で「本郷」年間購読のお申し込みができます。

◆この申込票に必要事項をご記入の上、記載金額を添えて郵便局でお払込み下さい。

◆「本郷」のご送金は、４年分までとさせて頂きます。

※お客様のご都合で解約される場合は、ご返金いたしかねます。ご了承下さい。

この用紙で書籍のご注文ができます。

◆この申込票の通信欄にご注文の書籍をご記入の上、書籍代金（本体価格＋消費税）に荷造送料を加えた金額をお払込み下さい。

◆荷造送料は、ご注文１回の配送につき500円です。

◆キャンセルやご入金が重複した際のご返金は、送料・手数料を差し引かせて頂く場合があります。

◆入金確認まで約７日かかります。ご了承下さい。

※領収証は改めてお送りいたしませんので、予めご了承下さい。

お問い合わせ　〒113-0033・東京都文京区本郷７―２―８
吉川弘文館　営業部
電話03-3813-9151　FAX03-3812-3544

この場所には、何も記載しないでください。

払込取扱票

02	東京

通常払込料金加入者負担

口座記号番号	0 0 1 0 0 - 5 - 2 4 4
金額	千 百 十 万 千 百 十 円 ※
加入者名	株式会社　吉川弘文館
料金	
備考	

各票の※印欄は、ご依頼人において記載してください。

ご依頼人・通信欄	
フリガナ ※お名前	
郵便番号	電話
※ご住所	
※	

◆「本郷」購読を希望します

購読開始　　号より

1年　1000円（6冊）　3年　2800円（18冊）
2年　2000円（12冊）　4年　3600円（24冊）
（ご希望の購読期間に○印をお付け下さい）

日附印

〈この用紙で書籍代金ご入金のお客様へ〉
代金引換便、ネット通販ご購入後のご入金の重複が増えておりますので、ご注意ください。

裏面の注意事項をお読みください。（ゆうちょ銀行）（承認番号東第53889号）

これより下部には何も記入しないでください。

切り取らないでお出しください。

記載事項を訂正した場合は、その箇所に訂正印を押してください。

振替払込請求書兼受領証

口座記号番号	0 0 1 0 0 - 5 - 2 4 4 （通常払込料金加入者負担）
加入者名	株式会社　吉川弘文館
金額	千 百 十 万 千 百 十 円 ※
ご依頼人	おなまえ ※　　　様
料金	日附印
備考	

この受領証は、大切に保管してください。

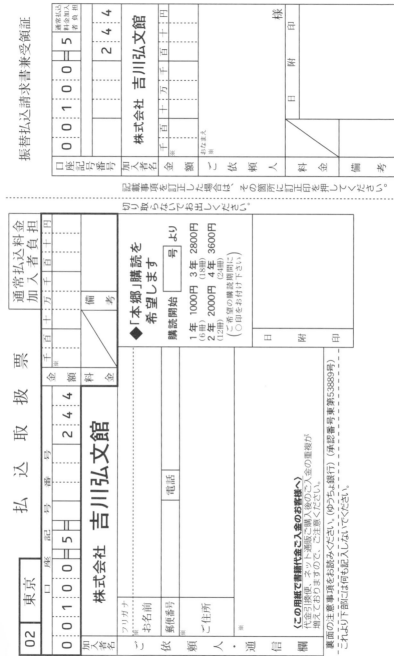

螺吹《らふ》き」と言われる所以《ゆえん》であろう。

弘化二年は、江戸でのオランダ語の学習が主となる。そして辞書を引きながらチケールの兵書、カルテンの砲術書が読めるようになる。その旁《かたわ》ら帰藩後の殖産興業用の勉強も怠らない。これにはおそらく前年に買ってもらったショメールの百科辞典が役に立ったことであろう。

督促する藩当局に対して粘りに粘って翌弘化三年の閏五月松代に帰る。浦町の自宅は荒れはてていたので中町の御使者屋という藩の公舎を借りて住んで、沓野・佐野・湯田中の三村に普及したいという考えから江戸から連れてきた豚の飼育を始める。またわが国では珍しかった馬鈴薯《ばれいしよ》の栽培も始め、好成績を収めた。このあたりのところだけ見ると、彼の暮しはまるで明治初頭のアメリカ式の農業を営む帰農士族のようだ。そのほか薬用人蔘・甘草《かんぞう》などの薬草の栽培、石灰を焼き、硝石を製し、葡萄《ぶどう》酒《しゆ》の醸造を試みるなど、信州という土地柄を考えて、国利民福の観点からいろいろの事業を試みている。松代藩の「三十六興利」や彌津左盛や吾妻銀右衛門らの事業の伝統を継ぐものであろう。

弘化四年の三月二十四日には信濃地方に大地震がおこり、その上に虚空《こくぞう》蔵山の土砂崩れがおこって犀《さい》川をせきとめ、そこに一時的に堤防ができてしまい、上流を一大湖水としてしまった。そしてそれが決潰して川中島《かわなかじま》平野は一大濁流と化す。象山はこの際易によって氾濫の程度について予知し、損害を最少限にしたということで賞を受ける。そしてこの年十二月、郡中横目職は免ぜられるが、三ヶ村利用係の職はそのままである。

翌嘉永元年（一八四八）の夏、案内人・荷物運搬人などを含めて総数十八人を連れて、沓野地方の資源調査のための踏査を試みる。六月九日から七月七日までの、雨を冒《おか》しての、時には野宿をしての難行軍であった。この間銀鉱や銅鉱を発見したが、採算に合うものではなかった。わが国にないとされていた薬用植物テレメンテイナ（宇田川榛斎《うだがわしんさい》『遠西医方名物考』）などを発見したり、「熊の湯」の湯元を探し出したという副産物もないではないが、苦労の割には成果は上らなかったといえよう。そして民衆のためにやっているという気持の象山と肝腎の民衆側との間に意識のギャップがあり、意志の疎通を欠いて「佐久間騒動」なるものを惹《ひ》き起している。象山は農業技術の改良には適しても、民政の実務家には向かない性格の人であったと断定せざるを得ない。彼はやはり中央で天下国家のために働くべき人であった。（この時の象山踏査の記録を象山は『𨏍野日記』というかたちで残していて、実に興味深いものである。松浦玲氏の口語訳は一般の読者にとって有難い。『日本の名著30・佐久間象山・横井小楠』収録）。

第二三話　『道富ハルマ』出版計画

象山はあくことのない活動家であり、事業家である。今度の計画は『ハルマ和解《わげ》』と称する蘭和辞典出版の計画である。この問題をめぐって象山の手によって三つの上書がなされた。第一回は「ハルマを藩業にて開板せんことを感応公《かんのうこう》に答申す」（嘉永二年〈一八四九〉二月）、第二回は「感応公に上りて和蘭語彙出版資金貸与を乞ふ」（嘉永二年五月七日）、そして第三回は「和蘭語彙板行許可を乞ふため阿部侯へ上書」（嘉永三年三月二十一日）と題するものである。

この『ハルマ和解』というのは、もともとオランダ人ハルマのつくった蘭仏対訳辞書のオランダ語の分だけを、寛政八年（一七九六）に稲村三伯《いなむらさんぱく》という蘭法医が翻訳して出版したものを言う。これを『江戸ハルマ』という。象山が今回出版を計画したのはこの『江戸ハルマ』の方でなく、文化十三年（一八一六）に長崎のオランダ領事ドゥーフ Hendrik Doeff（一七七七―一八三五）がこれを増補して、長崎の通詞十一人の協力を得て天保四年（一八三三）に完成した蘭和辞典で、これを俗に『道富《ドウフ》ハルマ』という。当時の蘭和辞典の中でも最も浩瀚《こうかん》で、洋学研究者たちがよろこんで利用したものであった。緒方洪庵の「適《てき》塾」で塾生たちが会読の前に争って利用したのもこの辞典であった（『福翁自伝』長与専斎『松香私志』）。この辞典は初め三部清書して献上されただけであった。その後だんだんと転写（一人で写すと約一年の歳月を要した）されて広まったが、この転写本すら一部数十両もしたということである。象山はこの辞典を『五車韻府《ごしやいんぷ》』（イギリスの中国学者モリソン――崋山や長英らが『モリソン号』を碩学モリソンと間違えた例のモリソンである――が『康熙《こうき》字典』を英訳したのをさらにオランダ語に重訳したもの）や、ウェイランドやマルチン（ともに当時有名なオランダの語学者）らの辞書を参照して増訂し、また訳語も改訂して（原辞典は長崎の方言で訳されていた）信頼できる辞書を出版したいと考え、その刊行費の助成を藩に請うたのである。彼はこの辞書が刊行されるならば洋学に志す人間にとっては非常な助けになり、西洋の技術もこれによって開け、これを基にして防禦《ぼうぎょ》の策も生じ、「天下後世洪大の嘉恵を仰ぎ、又朝家へ対され候ても一廉《ひとかど》の御忠勤」となるであろうという。もちろんこの事業計画については多くの批判もあるだろうが、蚊や蝄《あぶ》の羽音と考えて気にする必要はないとして述べた次の信念告白は注目すべきである。「外寇に備へ候の急務は彼を知るより先なるはなく、彼を知るの方法は彼の技術を尽すより要なるはなく、彼の技術を尽し候には天下に其学の階梯《かいてい》なる詞書《ししょ》を梓行《しこう》するより便なるはなしと申所に御心を定められ、期する所は五大洲の学術を兼備し、五大洲の所長を集め、本邦をして永く全世界独立の国とならしむる基礎を世に弘め……」。国防問題を解決するための戦略としての辞書刊行が彼の目標であった。

彼は五月の上書では、自分も三十九歳となった。人の精力には限りがあるから、その壮《さか》んな時に事を成しておかないと、年老いて空《むな》しく悲傷することもあるだろうと、自分の心情を傾けている。そして今日洋学研究は盛んになっているから、六十余州に三百部ないし五百部のはけ方は疑いもない。そのほか全国の洋学者や、大名・旗本も加えると、これまた五百ないし七百部はすぐに売れるだろう。そうなると藩の利益にもなり、藩の教育予算の補《おぎな》いにもなるだろう、と楽観的な見通しを述べる。

しかし財政をあずかる藩当局の態度はきわめてクールであった。藩の子弟の洋学研究に資するためであれば、百両もかけて五、六部の写本をつくれば事足《ことた》りるだろう。従って千二百両もの大金を出して開版するには及ばない。藩が利潤を得るのを目的としての企画と世間から誤解されると君徳を傷つける、と反対する。知識を公開しひろく社会のものとして国民的レベルでの智力の開発を考える象山とはまったく次元を異にする発想である。困りきった象山は幸貫に頼みこみ、ついにその許可を得る。しかしなんといっても千二百両というのは大金であるから、彼は家老の恩田頼母宛に、もしも自分が返済できないなら百石の知行《ちぎょう》を取上げて欲しい、という内容の借用証書を書いている。

この年の十月、彼は千二百両の金を借入れ、出府して、増訂『和蘭語彙』の編纂に着手して、まずその第一巻の出版の許可を幕府の天文方に願い出た。ここには多くの蘭学者が集められ、辞書の検定もここでやっていたのだが、折悪《あ》しく蘭方医と漢方医との軋轢《あつれき》のために蘭書の翻訳の検定も漢方医の管掌する医学館の許可が必要となり、検定は遅れに遅れる。象山は嘉永三年に再度出府して阿部正弘に上書を出すが、不幸にして出版は不許可となった。この辞書の序文が左書《ひだりがき》であったことも、クレームの一つであったらしい。

なんとしても時代の風向きが悪かった。その後五年たって安政二年（一八五五）五月に、桂川甫《かつらがわほ》周《しゅう》が門人柳河春三《やながわしゅんさん》らの協力を得て校訂した「道富ハルマ辞書」、即ち『和蘭字彙』の前半部も出版され（後半は安政五年）、この完成の功を以て甫周は賞賜されている。象山は時代に先んじすぎた。またこの事業は一小藩の一個人の仕事としてはスケールが大き過ぎた。なお象山の原稿は、日本紙に鵝《が》ペンで書かれ、東京大学図書館南葵《なんき》文庫に保存されている。

第二四話　砲術研究の進展（その一）

嘉永三年（一八五〇）春『ハルマ和解』の出版計画を阻《はば》まれ、千二百両の借財を背負って傷心の象山は、六月鎌倉《かまくら》に遊び、三浦《みうら》半島の諸砲台を視察してその不備に驚くが、この項は後にして、象山が蘭学研究を始めてからの砲術研究について瞥見《べつけん》しておきたい。彼は原書が読めるようになると、今まで日本で開けた砲術はごく僅かであることに気づく。日本を守るには西洋で発明された軍法その他を研究し、「彼れの方を以て彼を防ぐ」以外に方法はない、とし、これができるのは他にはいない、「自らの任」であるという使命感をもつ。そして日本の砲術が駄目なのは太平の実地をへないものであるからであって、それに反して西洋では戦争がつづいて兵法が精妙になったのだということを知る（弘化二年〈一八四五〉八田嘉右衛門宛）。

弘化三年にはベウセルの砲術書を読んで、砲は大なるが故に尊からず、その使用の場所や目的に応じて砲を選ぶ必要があるとし、「兵学家」と「銃技家」という概念をつくり、両者を区別している（六月、竹村金吾宛）。

そして翌嘉永元年には、同じベウセルの著書に従って、三听野戦砲《ポンドやせんほう》一門、十二拇《ドイム》野戦砲二門、十三拇天砲（臼砲《きゆうほう》のこと）三門を鋳造し、これを試演する。これは邦人が原書に拠って洋式の大砲を鋳造した最初であろう、と宮本仲はしるしている（『佐久間象山』、一五一頁）。

嘉永三年二月には松代城外で「衝天砲」(臼砲の一種)の試験射撃をおこなう。この年藩から暇を貰って出府、藩邸に銃砲の製造所をつくり、砲術の教授を始める。中津藩の藩士が一時に七十三名も入門するというような出来事があり、月に三度は奥平の藩邸に出稽古に行くというように、中津藩との砲術教授を介しての関係が親密になる。また下曾根金三郎の依頼でその門人を連れて浦賀に行き、砲術の指導をする。このとき象山は大砲の照準に螺旋《らせん》を利用して砲の照準を正確にするという技術の改良もおこなっている。勝海舟の入門もこの年である。

嘉永三年十二月、象山は各藩の弟子十三名を連れて帰藩、翌四年二月十七、十八の両日、金児忠兵衛(坦庵門人)の鋳造した五十斤石衝天砲の試演をおこなう。砲門の口径の大きさは注目すべきであろう(この手の砲はこのほか浦賀平根山砲台に一門据えつけてあったのみという)。この第一回の試演は成功であったが、同月二十六日の試発では、砲弾は目標の一重山を越えて、小島村の満照寺という禅刹の庭に落下してしまう。謝罪を迫る住職に対して、これが故意でないことを弁明するとともに、この演習は外寇を防ぐために公儀の達しにもとづいてやっているのだから、寺も不問に附するのが当然である。弾丸はそこに落ちる筈のものではない、悪少年のしわざか、一重山の裏手に大砲を打たれることを好まない百姓たちの陋劣《ろうれつ》な計画である、と、象山は逆ねじを食わせるので事は非常に面倒になる。尤《もっと》も象山は、砲弾の落下したとされる場所の様子とか、弾が擦《かす》ったという木の枝の工合《ぐあい》、砲身の角度、火薬の量、弾丸の重さ、それらに由来する弾道などを調べて言っているのだが、和尚にはそれが通ぜず、素直に謝まろうとしない象山の態度に怒りをつのらせる。象山の方でもこれは百姓の計略であると信じこんで、ここで妥協しては、武芸の名折れ、武門の恥辱であるとして治まらないで幸貫への陳情の上書をして、場合によっては出府して公儀の御裁断を仰ぐ、といきまき、話はますますややこしくなる。友人で当時郡奉行であった山寺常山は中之条の代官と会って何回か交渉を重ねた結果天領相手の喧嘩は不利とわかって、今後大砲射撃訓練の場合はあらかじめ図面を添えて通知するという一札を入れて和解する。

この一件は象山の性格をよく示している。こんな小さいことに大人気《おとなげ》ない、という批評もあり得るが、象山にとって腑《ふ》に落ちないことには、事の大小を問わず、どうしても妥協できないのである。彼は学者か技術者が最適の人で、それに基く政策の立案はその得意とするところだが、政治の場でそれを実践する現実政治家には一番向かないタイプの人ではなかったろうか。それにもかかわらず、国防の問題を考えると、彼としては政治の世界に向かざるを得ない。そこに時代の性格があり、また彼の悲劇があった。

二月二十七日、象山は名誉恢復《かいふく》のために藩の許可を得て、三月二十二日三度目の試演をおこなう。その辺一帯は杏《あんず》の名産地であり、この季節の信州は桃花源郷《とうかげん》に遊ぶかの想いに人をさそうが、轟《ごう》然たる大砲の響に吹雪《ふぶき》となって散る風景に象山も満ち足りる思いであった。

春野晴《はるのはれ》に乗《じょう》じて大砲《たいほう》を演《えん》ず。

四村桃《しそんとう》 杏正《きょうまさ》に芳菲《ほうひ》たり。
一声《いっせい》の霹靂天地《へきれきてんち》を震《ふる》はし、
万樹《まんじゅ》の落花《らっか》撩乱《りょうらん》として飛《と》ぶ。

嘉永四年の四月、象山の一家は藩庁の許可を得て松代を後にし、五月二十八日に木挽《こびき》町五丁目に居住することになる。今度の家は間数も多く、地主にも恵まれて万事好都合であった。入門者も多くなり、「及門録《きゅうもんろく》」の嘉永三年以降の今日も名を知られている入門者を見ると木村軍太郎《きむらぐんたろう》、武田斐三郎、山本覚馬、勝麟太郎《かつりんたろう》、津田真一郎（真道）（以上嘉永三年）、小林虎三郎、吉田大（寅）次郎（松陰）、宮部鼎蔵《みやべていぞう》（以上嘉永四年）、加藤土代士（弘之）、河井継之助（以上嘉永五年）、永鳥三平《ながとりさんぺい》、坂本龍馬（嘉永六年）、橋本左内、牧和泉（真木和泉守《まきいずみのかみ》）（以上安政元年）等々、文字通り綺羅星《きらぼし》を並べるようである。

第二五話　砲術研究の進展（その二）

木挽町の塾では毎日三十人、ちょっと多いと思うと四十人もの塾生が訓練に励んだ。そのうち佐倉《さくら》藩の兼松繁蔵《かねまつしげぞう》はもと高島秋帆に学び、江川の塾では兄弟子に当る。斎藤碩五郎《さいとうせきごろう》は江川の塾で皆伝の称を得た男である。これらの人々が君命とは云いながら、節を屈して自分の門に学ぶようになったことに、象山は一種の感慨を覚えた。この時点では象山は文字通り砲術学界の覇者であった。

この年の十月十五日、象山は「礮《ほう》学図編」を脱稿する。これはオランダの砲術書によって、各種の砲弾（三十五種類）、鏡板（十九）、薬嚢《やくのう》（十八）、火管（七）、用器（六十二）の分解図を画《か》いたものであり、原図のフィートやポンド等の単位をすべて日本の度量衡に換算して日本での製造に便ならしめたものである。細部に渉って分寸が書かれ、非常に親切に出来ている。精密な用器画であり、この原図を描いた象山も大変だったろうが、これを木版に刻んだ彫師も非常な苦労をしたのであろう。本は嘉永六年（一八五三）二月にでき上った。縦一尺、横一尺四寸、一六四頁の折本で、当時の売価で一両三分というからかなりの高価なものであった。実務家にとっては非常に貴重なものであったに違いない。学問の公開という自己の信念を文字通り実践したものといえよう。

十一月に上総《かずさ》の姉《あね》ヶ崎《がさき》で松前《まつまえ》藩から注文を受けていた十八ポンド長カノン砲、十二ポンド短カノン砲の鋳造が完成したので、その試演をおこなった。結果は上乗で友人の大槻磐渓は詩を作って嘆賞したほどであったが、最後の一発で砲身を破裂し、怪我《けが》人まで出てしまう。松前藩の役人は、せっかく先生の伎倆《ぎりよう》を信頼してお願いしたのに、大砲は破裂して役に立たなくなり、且《か》つ費用も無駄になってしまう、と愚痴をこぼす。象山は、古語にも三たび肘を折って良医となるという語があるから、拙者もたびたび失敗を繰り返したのちに名人となることもありましょう。たまたまこの失敗が貴藩の大砲にあらわれたのは気の毒であったが、天下広しと雖《いえど》も拙者のほかにこの仕事のやり手がないでしょうから、諸大名方も拙者に金をかけてちと稽古させて下さってもよろしかろう、と挨拶したので、松前藩の家老は返すことばもなかったという。まさに象山流である。当時の狂歌の一、二を紹介しておく。

しゆり（修理）もせで書物をあてに押強く　うてばひしげるこうまんのはな

大砲を打ちそこなつてべそをかき　あとのしまつをなんとしようざん（象山）

おそらくこの事故は鋳造技術の不備にもとづくものであろう。

嘉永五年の閏二月には、佐賀《さが》の鍋島《なべしま》侯に依頼されて二十ポンド砲の砲架、および海岸砲の砲架の雛形をつくった。また五月には松代藩の二十拇天砲（臼砲、原名モルチール）、同じく人砲（ホウィッスル）を借用して大森《おおもり》海岸で射撃の訓練をおこなった。そして十月には問題の書『礮卦《ほうのけ》』を著わした。

この本については節を改めて別にしるすことにして、その後の象山の砲術研究についてしるそう。嘉永五年（一八五二）幕府はスチールチースの砲術書を買入れた。これを聞いた象山は早速借覧して、この本のやり方に従って新たに六听の地砲（カノン砲のこと）、十二拇の人砲を鋳造して翌六年の春、大森で試演をおこなった。これは日本における「軽砲」の最初の製作であったという。「軽砲」というのは陸戦で使う野砲とか山砲とかの移動に便な比較的小型の砲のことであろう。

この嘉永六年の夏、薩摩藩は八十听老榴地砲を鋳造したいと象山に相談したので、彼はその設計図をつくり、跋文《ばつぶん》を賦している。またその年の冬、長州藩の依頼で十五拇榴弾砲《りゆうだん》を深川《ふかがわ》において鋳造している。

この後象山は松陰の密航事件に連坐して松代に幽閉されるを余儀なくしたので、実際に大砲を鋳造する機会をもたなかった。しかし安政三年（一八五六）、片井京助と協力して作った「迅発撃銃《じんぱつげきじゆう》」についてはどうしても触れて置かねばならない。京助は松代藩の生んだ天才的な銃砲家で、天保十三年（一八四二）にすでに火縄銃《ひなわ》とは異なる傍装雷火銃《ぼうそうらいか》を発明していた。これは火縄銃二発の発射の時間に七発発射できる秘密兵器であった。この年の冬京助は江川塾に学び学業において進歩を遂げるが、まだ元込銃の発明には至らない。幸貫がすでにその必要を考えていたが、具体的にそのヒントを与えたのは象山である。嘉永七年横浜《よこはま》でアメリカの水兵のもっていた元込銃を見た象山は、片井にこれを見ることをすすめる。そして安政三年に遂《つい》に元込銃の発明に成功する。蟄居《ちっきょ》中の象山もこれを見て感心するが、力学上不備の点があるのでこれを改良して「迅発撃銃《じんぱつげきじゅう》」と名づけた。これは西洋の元込銃に較べると、その装弾時間が三倍も速いから、日本の国防に必ず役に立つ。象山はそう考えて「迅発撃銃図説」を書き、井伊《いい》大老に進呈したが、直弼《なおすけ》は蟄居人の著述進呈は受納できないと言って安政五年になって却下してしまったという。惜しみても余りある出来事である。

第二六話　『礮卦』に見る象山の統合性

『礮学図編』は多くの人を裨益《ひえき》したが、この『礮卦《ほうのけ》』はほとんどの人に省みられなかった著作である。それは砲術理論を「易理」で説明しようとした本である。易の理にみな閉口したのである。ある時期から象山が洋学の面で最も信頼し尊敬していた杉田成卿は、『海上砲術全書』の翻訳の過程で数学や物理学をマスターしていった人であり、象山が最も頼りにしていた洋学者であるが、福沢らの若い世代も一番心酔していた。この成卿も象山を心から尊敬しながら「象山翁の易説には困却せり」（神田孝平『先師梅里先生を祭るの文』、明治十八年〈一八八五〉）と言っている。象山が嘉永五年（一八五二）十一月七日に、郷里の易学の師竹内八十五郎《やそごろう》（錫命《しやくめい》と号す）に贈った手紙によると、江戸では一斎先生以外には易のことで相談すべき人もいない、先日この書を一斎先生におめにかけたら大いに誉めて下さったが、先生も一度御覧いただいて伏蔵なく御教示下さい、とある。一斎以外には象山の言わんとするところを理解して読んでくれた者はいなかったことが推察できる。

この稿成るやその出版を幕府に請うたが許可されなかった。熊本《くまもと》藩士荘村助右衛門《しようむらすけうえもん》らは熊本で秘《ひそ》かに開版しようとしたが、象山はこれを許さなかった。安政四年に佐倉藩の門弟斎藤碩五郎も藩地で開版しようとした。象山はそれを望んでいたが、荘村らに断わった以上、許可を与えるわけにはいかないとこれを断わった。けっきょく『象山全集』が昭和九年に発行されるまで活字になることはなかった。このような人に理解して貰うことが困難な本に象山はなぜ固執したのか。

さきに見たように、易には父の想い出があった。象山はその後漢宋諸家の易説を読んで、これに沈《ちん》潜《せん》すること久しく、その要領を得たという自得があった。そして弟子たちと新礮法を講じている中に「其の術政と易理と相発し、躍然として言うべからざる妙」が有った、これがこの本を書いた動機である、という（序）。

象山にとって易は自己の血肉であり、これをぬきにしては自己の存在理由はなかった。そしてまた易は東アジアの儒教文明の中核になるもので、これが否定されたら儒教文明の敗北になる。どうしてもこれを守らねばならない、と象山は考えたのである。彼は云う、「予の新礮法を江門に講ずるや、生徒稍《しようしよう》稍として盍簪《こうしん》す（少しずつ集まってきた）。或ひと予に問うて曰く、古は兵器、弓矢を以て尚《たかし》と為す。豈に他兵能く格《いた》らざるを以てに非ずや。銃礮流伝してより、遠きに致り堅を破り、鋒を摧《くだ》き、陣を陥《おとしい》る。弓矢其の長ずる所を失ひ、之を廃するも可なり。独り疑ふらくは弧矢の利は、聖人諸《これ》を大易に著はす、而るに今以て天下を威《おど》すに足らず。後世蛮方創見の器、反って以て内を警しめ以て外を畏れしむべし。則ち聖人の知は、果して未だ周《あまね》からざる所有りて、荒外侏離《しゆり》の氓《たみ》（遠い異域の野蛮な国の意味のわからない外国語を喋る民）、其才も亦聖人より高き所有るか。抑も礮を以て易に擬すれば何の卦か之に当ると。予曰く、聖人作る有り。風気に順従して、天に先んじて以て物を開かず。各《おのおの》時に随ひて政を立て、結縄《けつじよう》以て治め、弧矢以て威し、時に随ふを非とする者無し。今の世に当りて、銃礮微《なか》りせば、以て内外を制馭するに足らず。聖人豈に時に違はんや。周官司馬の属、蛮隷・夷隷・貉《ばく》隷有り。各其の国の兵を執り、以て王宮を守る。亦以て聖人の大智、固《もと》より以て外国の利器を資用する有ることを見るべし。其の易象の如きは、則ち弓矢は睽也《けいなり》。礮も亦睽なり。時に冬夜寒烈し。予客と一爐に憑《よ》る。予乃ち爐灰に画《えが》きて、以て其の象意を指示す。客善を称して已まず。更に之を書に筆せんことを乞ふ。予も亦欣然として之に頷《うなず》き、遂に礮卦一篇を為《つく》る」（序）

ここに書いてある趣旨は、学生の、古代においては弓矢が最高の武器で、その利については易に述べられている。ところで弓矢は砲に劣る。そうすると、聖人の知は遠い異域の野蛮な国の民に劣るのか、という質問に対する答として、象山は聖人の教は時に違うことはない、周礼の司馬の官には、蛮隷・夷隷・貉隷（南蛮・東夷・東北の貉の捕虜を奴隷にしたもの）が属官として採用されている。これを見ると、聖人の大智は、外国の利器を利用し活用することにある、ということになる。今われわれが西洋の銃砲を利用するのは、この聖人の大智に従うことで、西洋人の才智に屈したことではない。

では砲は易の何の卦に該当するかというと、弓矢と同じく「睽《けい》」の卦に当るとするのである。この睽の卦というのは「乖異《かいい》」（そむき異なる）という異があり、上卦《うえのけ》の「離」すなわち火、下卦《したのけ》の「兌《だ》」すなわち沢（水）の組み合わせから成る。すなわち性質の異なるものの調和という構造をもつ。そして、砲の構造や性質、またその役割、すべてこの異なるものの調和という睽的な性格をもつ（砲は水ではないから、火と金との関係として捉えられている）。象山にとって、砲の構造や技術を成立させる形而《けいじ》上《じょう》的原理が睽の卦であった。そして「礮の精を尽し」、「大舟を造って佐《たす》け」るのが国の上計である、と象山は自説を述べる。今のわれわれ方からすると奇妙な議論の立て方と言わざるを得ないが、事ほどさように象山にとっては易は重要だったのである。儒者象山と兵学者象山の矛盾を統合するものがこの易の睽の卦（䷥兌下離上）であったといえなくもない。

第二七話　黒船来航に「急務十条」を提出

嘉永三年（一八五〇）四月、改訂ハルマ和解の出版を許されなかった失意の象山が、三浦《みうら》半島を旅行して沿海の防備が杜撰《ずさん》なのに驚愕したことはさきに述べた。彼は早速、沿岸防禦の不備を指摘する一文を書いて幕府に提出しようと思い、その案を幸貫に示した。それによれば、中江《え》の島《しま》浦や八王寺、荒崎、城《じょう》ヶ《が》島《しま》、剣崎、大浦、浦賀の千代崎、観音崎《かんのんざき》、猿島《さるしま》等に築かれた台場は二つの点において欠陥をもっている。第一はこれら台場の大砲は皆「和流の石火矢筒《いしびやづつ》」で、二十町の弾著《だんちゃく》も覚束ない。これでは夷船は楽々と江戸湾を通り抜ける。洋式の二十四ポンドのカノン砲はこれよりましで、これだと二十五町の弾著距離がある。第二、しかしこれとても江戸湾は幅が広すぎて、現在台場が建設されているところからでは無効である。現在のものは浦賀防備用として千代崎の台場のみを残して全部撤去、その代り品川《しながわ》沖の洲ならびに佃島《つくだじま》前の洲の二ヶ所に台場を建設、それぞれの台場に百五十ポンドから二十四ポンドまでの八十挺（門）ほどの大砲を備え、「火道《かどう》」が交叉《こうさ》するように建設する。そして旗本の中から西洋の砲術の訓練を受けた人を選び、その砲の運用ができるように毎日交代し、常に人も器も用意が十分にできている体制をつくる。他方、相《そう》州の三浦・鎌倉両郡と、房《ぼう》州の朝夷奈《あさひな》・安房《あわ》の二郡の間に、十万石以上で武略のある大名の封土を移してその防備を一手に任せる。

以上が陸の備《そなえ》であるが、それとともに海上の備として、イギリスが最近その近海で使用しているような銃砲の弾丸も通らない甲鉄艦をつくり、もし夷船が江戸廻船《かいせん》を妨げるようなことがあったら、その甲鉄艦で押寄せ、日本の得意な近接戦で賊徒を誅戮《ちゆうりく》する（嘉永三年四月沿岸防禦の不完全を指摘し幕府に上らんとせし意見書草稿）。

以上が象山の江戸湾防禦対策であった。幸貫はその卓見を賞したが、採用されないだけでなく不慮の災を招く恐れがあるとして、その提出を見合せしめた。

嘉永五年、幕末の幕府の最もすぐれた能吏川路聖謨は、大坂町奉行から勘定奉行に栄転し、海防係を兼ねた。聖謨の小普請《こぶしん》奉行時代以来親交のあった象山はこれをよろこんですぐに訪ね、この江戸湾防備案を示す。だが川路はこれを信ずることができなかった。しかしながら翌六年、ペルリの率いる太平洋艦隊は浦賀の関門を過ぎ、直ちに本牧《ほんもく》沖に入った。そしてその後更に、全艦を以て江戸湾の奥深く侵入し測量を試みた。山口宗之《やまぐちむねゆき》氏は、いわゆる黒船騒擾《そうじよう》は日本人が初めて黒船を見たためでも、その形状が巨大であったためでもなく、「いまだかつて異国船が一度も来たことのないところの江戸市街を望見しうるほどの地点にペリー艦隊が強行侵入したことのためであった」と指摘しているが（山口宗之『ペリー来航前後――幕末開国史』、ぺりかん社、七八頁）、さもありなんと思われる。聖謨はこの事態に驚駭憂慮するとともに、象山の明察に服して、今後象山の国事に関する意見の上陳を取り継ごう、と言ったが、象山は自分は上書して名を売るつもりはない、足下《そつか》に対して言うべきほどのことは言ったので、足下自らこれを言いこれを行って欲しいと答え、さらに象山の持論の、人材を選んで海外に派遣し、船艦を購求する策を、聖謨が実現して欲しいと言ったが、聖謨の方ではためらった。象山は、君にしてそうであるなら、それではやむを得ないと、みずから次の「急務十条」を老中筆頭の阿部正弘に提出した。

急務十条

第一、堅艦を新造して水軍を調練すべき事。
第二、防堵を城東に新築し相房近海のものを改築すべき事。
第三、気鋭力強の者を募りて義会を設くべき事。
第四、慶安の兵制を釐《り》革すべき事。
第五、砲政を定めて硝田を開くべき事。
第六、将材を選び警急に備ふべき事。
第七、短所を捨て長所を採り名を措て実を挙ぐべき事。
第八、四時大砲を演習すべき事。
第九、紀綱を粛《つつし》み士気を振起すべき事。
第十、聯軍の方を以て列藩の水軍を団結すべき事。

第四は、大船建造のための前提であり、第十は海軍伝習所《でんしゅうじょ》設立の伏線となる考えである。この二者は将来の海軍建設の基礎となる考えであり、非常に貴重な提案だと言ってよい。ここに見られるように、象山は海軍問題に非常な関心を抱き、自分の書斎を「海舟書屋《かいしゆうしよおく》」と名づけて、みずからこの四文字を書いて扁額《へんがく》にして掲げていた。松陰の密航事件に連坐した時、勝麟太郎にこれを与えて、海軍設置のことへの尽力を頼んだ。勝はそれまでの号の「氷川《ひようせん》」をこの後「海舟」と改める。

急務十条の考えはすぐに採用されるところとはならなかったが、この後の幕府の兵制改革の基礎となったと思う。そして直接には象山がこれによって阿部、川路と深く相識《あいし》ったことは、密航事件の折、象山の生命を救うことになる。

第二八話　幸貫の死と変わる藩政の中で

ところでその前年の嘉永五年（一八五二）は四十二歳になった象山にとっては事多い一年であった。二月二十六日には、恩師の鎌原桐山がなくなった（七十九歳）。五月六日には真田幸貫は隠居し、早くも六月にはなくなってしまう（六十二歳）。桐山が象山の若き日の私的生活における大恩人とすれば、幸貫はその後の公的生活における大恩人であり、またその庇護者《ひご》であった。圭角《けいかく》の多い象山がここまでやってこれたのは、ひとえに幸貫の庇護による。それらについてこれまでたびたび言及してきたが、とくに増訂ハルマ和解の出版に千二百両もの大金が貸与されたことは普通では考えられないことである。この事業の挫折は、象山だけでなく幸貫の藩の中での地位にも微妙な翳《かげ》りを与えたように思える。端的に言えば、嘉永三、四年の松代藩の財政は破綻《はたん》に瀕《ひん》していたのである。初期の備蓄によって溜《たま》っていた十万両の軍資金はすでになくなり、加うるに藩債も十万両に達していた。この財政のピンチの直接の最大原因は、弘化四年の大地震による直接的被害と、この地震に伴う犀川の氾濫による田畠《たはた》の冠水と人畜への被害である。この救済や河川の改修のために費した費用が大きかったばかりでなく、藩の封土一帯の洪水後の減収によって、藩財政は恒常的に赤字になった(『松代町史』、四〇六頁)。

この地震と洪水という天災のほかに、この藩の経済的実力を越えた軍備の充実のための費用も相当なものであった。この中で千二百両もの出費が、パーセンテージから言えば赤字財政の主要原因でなかったことはあらためていうまでもないが、多くの藩士の心理状態から言えば、藩を犠牲にして主君を国家的次元の問題へと引っぱりこんでゆく象山への憎しみと嫌悪、そして幸貫の象山への偏愛に対する怨恨《ルサンチマン》になる可能性は多分にあった。ともかく藩としては財政の立て直しが必要であった。

幸貫はその死の前年、嘉永四年五月十一日に真田志摩《さなだ》(貫道《つらみち》)、鎌原伊野右衛門《かんばらいのうえもん》(貫唯《つらただ》)を家老職に任じ、ついで十月十一日に長谷川深美《はせがわふかみ》(昭道《あきみち》)、菅沼九兵衛《すがぬまきゅうべえ》(正身《まさみ》)を郡奉行に抜擢し、その上で家老の恩田頼母、郡奉行の山寺常山を罷免した。この新執行部は内政改革を主とする機関であり、五年一月に文武学校設立の方針を打出すとともに、同年四月には「倹約令」を公布して行政の新方針を示した。ここに至って幸貫は翌五月に嫡孫の幸教《ゆきのり》に後を譲り、気力が尽きたのか六月にはなくなってしまったのである。

ここに見られるように幸貫が急逝した時に、藩の執行部にはこれまで象山を陰に陽に支えてくれた恩田頼母も山寺常山もなく、象山の敵対者としてこの後終始した真田貫道（桜山《おうざん》）、長谷川昭道が藩の行政をがっちりと抑えていた。象山はいわば「裸木」として藩の行政の杜《もり》に佇立《ちょりつ》していた。その中で象山は「故侍従真田公墓誌銘」を書いた（六月）。そして十月には新藩主幸教から先公の手沢《しゅたく》の太宰府の都府楼《とふろう》の瓦でつくった硯《すずり》を貰って、生前の幸貫から「修理疵瑕多しと雖も、亦英雄也」と言われたということを聞いて感激流涕した想い出を一文にした文章をしるしている（『先公手沢太宰府都府楼瓦硯記』・本書九三頁参照）。

象山の個人的問題に移る。この年の六月、二年前愛妾お蝶《ちょう》との間にできた三男惇三郎《じゅんざぶろう》を失った。そしてこの年の十二月、四十二歳の象山は勝海舟の妹のまだ十七歳にしかなっていない順子と結婚した。象山がどのような心境でこの若い妻を迎えたか、結婚直前の十一月二十七日に郷里の恩田頼母に宛てた手紙から見てみる。「小生義も当秋中召使一人（菊子のこと、彼女は恪二郎の生母）子細有之、暇遣し候処、其以来無人にて家事不都合に付、此度は母も勧め候に付、正室の相応なるを求め候処、諸藩門人ども丶色々世話仕候も有之候処、意に愜《かな》ひ候者無之候ひしに、近日に至り風《ふ》と一人有之、早速に取極め候義に御座候。乍小身御直参《じきさん》に勝麟太郎と申人有之、其妹に御座候。この勝は小谷燕斎《おだにえんさい》翁の甥にて、荊婦に相成候も其姪にて御座候。麟太郎と申人、一昨年以来洋銃の門下に御座候処、漢学も洋学も可成に間に合候程にて、剣術などもよく遣ひ諸侯方の内にも門人御座候位にて、当時小普請には候へども一と料見御座候人にて、小生門人中指を屈し候内の人に御座候。其母と申人も頗る気概ある女性にて、手跡など男まさり達者なる事に御座候。其人小生の正室を求め候と申を伝聞《つたえきき》候て、其少女をもらひ候はゞ遣し候はんと申事に付き、其兄にて候人の性質をも存じ候義、先方にても小生を存じ候へばこそ五歳に成り候小児（恪二郎）に、年致し候召使（お蝶）なども有之候中へ遣し候はんと申事に付、頗る奇遇と存じ、早速に手極め候義に御座候」。象山側のことはこれで大体分ったが、順子はこの妻妾同居の家、おまけにいなくなった妾との間にできた子どものある家に、どのような心境で二十五歳も年の違う夫の許に嫁いできたのであろうか。象山の家族への手紙などからすると家庭内の空気は陰湿な感じはまったくない。少くとも表面的にはトラブルはなかったようである。順子との間には終《つい》に子どもはなかった。

第四章　黒船来航

第二九話　ペリー提督の日本観

ここでまた視点を社会や国家の場に移そう。アヘン戦争のニュースを聞いて素早い対応をなした水野忠邦が辞職して、思慮深い阿部正弘が老中になった。彼は諸勢力のまとめ役としては最高の人であったが、非常の事態に処して断乎《だんこ》として決断し行動する能力においては水野にくらべると劣っていたように思える。象山の献言に従って優秀な人材を外国に派遣することも、また海軍伝習所をつくることにも踏みきれないでいるうちに、事態は遠慮なく進展していた。

メキシコ戦争に勝利を占めた（一八四六年）後、カリフォルニアはアメリカ合衆国の版図《はんと》となる。そして二年後の一八四八年にはカリフォルニアで金鉱が発見され、ゴールド・ラッシュに全土が湧き上る。アメリカ国民の関心は当然太平洋の対岸のアジアに向って拡げられる。彼らの最大の関心は中国にあったが、アジア大陸の東に絶好の位置を占めながら、オランダ以外の西欧諸国に対しては頑《かたく》なに国を閉じている日本もまた深い関心――予想される通商上の利益という点からの関心と、自分らに背を向けつづけている人々に鎖国政策を放棄させることへの関心——の的であった。

そのようなアメリカ国民の日本への関心の結晶ともいうべき人物がM・C・ペリー（Matthew Calbraith Perry, 1794-1858）であった。彼はアメリカ海軍近代化の推進者で、蒸汽船海軍の父と言われた人物である。そして、米墨《べいぼく》戦争ではメキシコ湾艦隊副司令長官として功績を立てた。彼は歴史家シェリーのいわゆる膨張主義 expansionism の体現者ともいうべき人物であったが、日本をキリスト教文明の恩恵に浴させることをアメリカの使命と考えていた。

ペリーは日本への渡航以前に、日本の鎖国主義の拠って来るところを調べる。そしてそれが国民の特性によるものではなく、過去における特殊な事情によってひきおこされたものであることを知る。そして日本を開国させようと努力したが失敗に終わった秘密と想われるものを発見する。以下それを箇條書にする。

㈠ 彼らが入国しようと求めていた当時の日本の政治状態の中にあった特殊な事情。

㈡ 互いに邪魔し合おうとしていた西欧の各国民の敵対。

㈢ 勇敢な民族に無理遣《や》りに自国の望《のぞみ》を知らせるようにとの使命を託されていた人の無礼と言えなければ軽率。

㈣ 追従《ついしょう》的な卑屈さと男らしい和解の精神との区別をはっきりとつけ、親切なことと正しいこととは行うが、凌辱《りょうじょく》的な、または邪悪なことはいささかも犯さないという日本人の真率《しんそつ》な性質の誤解。

そして日本を開国させるに当って、ヨーロッパ諸国民の活動に対する不利な条件は、日本人が長年の間に彼ら全部に関するいくらかの知識を有していたこと、また彼らと多かれ少かれ接触したという事実があったことであることに気づいた（ポルトガル、イギリス、ロシア、等々。そしてペリーは日本人のヨーロッパ像はオランダによって形成されたと考えている）（以上、ペルリ提督『日本遠征記』、土屋喬《つちやたか》雄《お》・玉城肇訳による）。

これらのことを調べれば調べるほど、ペリーはアメリカが日本を開国させるのに特別有利な条件に恵まれていることを自覚する。アメリカはこれまで不愉快な連想を喚《よ》びおこすようなことを日本に対してやっていない。かくしてペリーは、アメリカは日本との友好関係を樹立するために艦隊を派遣すべきだという提案をし、それが認められた。そしてこの遠征隊の特徴は、指揮者であるペリーに、外交上ならびに軍事上の非常な権力が附与されたということである。おそらく交渉の過程において、西欧諸国相互との交渉とは違って思いもかけないことが起るだろうし、そのような事態への機敏で適確な対応をなすためには、常態では考えられないほどの権限の附与の承認が必要だったのであろう。ペリーにはそのような承認と信頼を敢《あえ》てさせるパーソナリティがあったと言われている。

一八五二年（嘉永五）五月、アメリカ政府はオランダ駐劄《ちゆうさつ》代理公使を通じて、オランダ政府に対して日本への遣使計画について通達をなす。そして長崎オランダ商館長（甲比丹《かぴたん》）に適当な援助を与えるよう訓令して欲しい、と要請する。これに対してオランダ政府は、日本に対して軍艦を派遣して鎖国を解かせるであろうと回答する。そして直ちにオランダ東印度《インド》総督と連絡して、オランダ国王の命令を総督が筆記の上、長崎奉行に提出するかたちでこの件を日本に報告することを決定した。そして事柄の重要性にかんがみ東印度高等法院評定官のヤン・ヘンドリック・ドンケル・クルチウスを新オランダ商館長に任命する。

クルチウスはこの年六月五日に長崎に到着、直ちに別段風説書《ふうせつがき》を提出、日本との通商を開きたいとのアメリカの希望と、ペリーの率いる艦隊の構成、そしてそれが交渉次第では上陸ということも辞さないものであり、江戸湾に行くことも伝えられた（オランダに関する部分は、山口宗之『ペリー来航前後』に拠る）。

第三〇話　象山、黒船を見る

このときクルチウスは、幕府に対してオランダ国王の命を東インド総督が筆記した総督公翰《こうかん》の受理を求めた。いろいろのいきさつの上、彼の要求は叶えられたが、それによればアメリカ合衆国はヨーロッパ諸国同様の強勇の国であって、商売したいという所存で、蒸汽船もしくは通常の帆船《はんせん》から成る多くの軍船で日本に来航するとのことであるが、柔軟な態度を取るか強硬の態度をとるかは不明で、日本の官府も備えの用意をして置く必要があるという趣旨のものであった。そして更にそれは世界の状勢について、諸国は有無《うむ》を通じて相互に利益を得る状況にあるから、日本だけが鎖国体制を保とうとするなら、おそらく「兵器ノ沙汰ニ及ヒ永々《ながなが》血戦ノ患不免《まぬかれず》シテハ相鎮《しずま》り申間敷奉存候」と述べている。

この二つの文書によって幕府は事態についてのほぼ正確な情報を、ペリー来日のほぼ一年前に得ていた。しかしオランダがアメリカが競争者としてやってくる前に、自己の権益を守る意図を以て「日蘭通商条約草案」を提出したために、日本側は判断を誤まり、事柄の本質を見損《そこな》ったように思える。この草案というのは、通商は長崎港に限り（第一条）、貿易に携わるのは江戸・京都・大坂・堺・長崎の商人のみに限る（第四条）、関税の制を立て（第七条）、違法外国人は当該外国法で罰する（第九条）というような内容の十ヶ条から成る。

この草案を見た日本側は、アメリカの意図を見ぬくことを忘れて、一連の文書はオランダが貿易を増大しようとしてアメリカの情報を利用したものという解釈をとり、一年間の期間を虚しく過したというべきであろう。武力を行使してでも開国を迫った時にどう対応するかということは、遂に公的場所では論ぜられなかった。情報を個人的に知らされた大名の間では、徳川斉昭のような文政無二念打払令への復帰を、武備の実情の再検討なしに主張するもの、松平春嶽のようにただ事態を憂慮するもの、島津斉彬《しまづなりあきら》のように幕府対策の遅れや定見《ていけん》のなさを憂慮するもの、等いろいろの態度があったが、大したことにはなるまいという楽観論が大勢を占め、ペリーの率いる艦隊が江戸湾に来るという情報は、ペリーと折衝する第一線の吏僚香山栄左衛門《こうやまえいざえもん》にさえ伝達されていなかった。日本側の外交の失態というほかない（以上、前掲山口宗之著『ペリー来航前後』に負う）。

しかし奇妙なことには、巷では却ってこのことを知っていた。横井小楠は六年一月十五日の尾州沢《さわ》田良蔵《だりようぞう》宛の手紙でこの夏の米艦来訪のニュースを伝えているが、象山も二月十七日の山寺源太夫（常山）宛、十八日の竹村金吾への手紙で、江戸ではこの夏（四月）異国船が浦賀あたりに渡来するという風聞《ふうぶん》があり、志あるものは心を苦しめている旨を伝え、自分の「堅城巨艦の策」が取上げられないことを歎いている。

六月三日ペリーの率いる軍艦四艘《そう》（うち蒸汽船二艘）から成る米国艦隊は浦賀に入港した。旧例に従って乗船し検分しようとする与力・同心《どうしん》たちに対して、ペリーは奉行以外の者には乗船させないと拒絶した。与力の中島三郎介《なかじまさぶろうすけ》と通詞の堀達之助《ほりたつのすけ》が強いて乗船し、何処から来たかと問うと、アメリカのワシントンからであると答え、長崎に回航せよという日本側の申出に対して、浦賀は江戸に近いからわざわざここに来たのだ、断じて長崎に回航せず、と答え、さらに大統領の親書を受取るのに必要な役人を至急本艦に派遣せよ、と申出、容易ならぬ相手であることを思わせた。

米艦渡来の報を聞いた象山は、四日未明に駈けつけ、定府《じようふ》家老の望月主水《もちづきもんど》を説得し、足軽二人をつけて貰い、みずからも門弟蟻川賢之助《ありかわけんのすけ》・甥の北山安世を連れて浦賀に急行、三日間浦賀の要素を調べた。六月六日、浦賀から望月に宛てた報告書は、懇切かつ正確で、さすがと思わせる。そしてこの手紙の追伸の部分に、もし日本が七日まで国書を受取るかどうか挨拶がないなら砲撃するというアメリカの申出が書いてあった。この報告書を望月宛に送ったあとの六日の昼すぎ、一艘の蒸汽船は観音崎を乗越えて、内海《うちうみ》にはいってきた。これはガード・ラインを越えたことを意味する。象山は席を蹴って浦賀を発《た》ち、その夜のうちに江戸の藩邸に帰る。

九日の早朝、彼は藩主幸教に会い、われわれは先君の遺意を継ぎ、内海警備の要衝である御殿山《ごてんやま》の警備に当るべきであると進言した。この御殿山は越前藩の所轄と決まっていたのであるが、これでは手薄《てうす》としたのである。幸教はこれを認めて象山を軍議役に任じた。その夜、彼は内使者《ないししゃ》となって藩の留守居役津田転《つだうたた》を伴い、藩主の名で御殿山警備の内願書を阿部正弘に提出、これが認められた。

しかし藩許の執行部は財政的理由からこれに反対、国家老の一人鎌原伊野右衛門と郡奉行の長谷川昭道の二人は江戸に上り、阿部に頼んで内願書を取戻し、幸教に象山を用うべからざることを進言し、かくして象山は軍議役ならびに海防臨時出役《しゅつやく》を免ぜられ、直ちに藩地に帰れ、という厳命を受けた。

第三二話　ペリーの恫喝外交と幕府の対応

藩の処置に対して象山は憤懣《ふんまん》やる方なかった。しかし象山の海防策を必要と感じた始めた阿部正弘や川路聖謨・羽倉簡堂《はくらかんどう》は、幸教を説いて象山を江戸にとどめた。この年の十一月、真田桜山、鎌原伊野右衛門、長谷川昭道はその職を斥けられ、謹慎を命ぜられた。そして象山と親しい恩田頼母が家老に復職、友人の山寺常山が郡奉行側役《そばやく》頭取となり、象山も学校督学に任ぜられた。

翌七年の正月、ペリーは前年の艦隊の倍に当る八艘の船艦を率いて日本にやって来た。昨年提出しておいた国書に対する返事を促すためであった。ここでわれわれは前年七月、ペリーがもたらした大統領フィルモアの日本国皇帝への親書の要点を見てみよう。

㈠　これまで日本が中国と和蘭《オランダ》にのみ許した貿易を自由貿易としてアメリカにも許すこと

㈡　アメリカの捕鯨《ほげい》船が難破した場合、難破者の人命と財産を保護すること

㈢　アメリカの汽船およびその他の船舶が日本に停船して、石炭、食糧及び水の補給を受けることを許すこと

すなわち友交、通商、石炭と食糧との供給および難破民の保護、これがペリーを派遣した目的であることがしるされている。

日本側の代表戸田伊豆守《とだいずのかみ》と井戸石見守《いどいわみのかみ》がペリーに渡した受領書は次の如きものであった。

北アメリカ合衆国大統領の書翰とその写しとをこゝに受領し、皇帝に伝へんとす。外国に関する事務は、こゝ浦賀に於て取り行はるること能はざるものにして、長崎に於て行はるべきことを屢々通報したり。さて大統領より派遣せられたる使節の資格としての提督は、このことをもつて侮辱せられたるものと認めたり。そは尤も至極なりと思ひたるが故に、上に掲げたる書翰をば日本の法律を曲げて、この地に於て受領するものなり。

この場所は外国人を応接するに設けられたる場所ならざるが故に、協議も饗応もなし得ず。書

翰を受領されたる上は、貴下はここを立ち去られ度し。

六月十日

ペリーはこの書翰を受領して二、三分間の沈黙の後に、その通訳に命じて日本人に対して次のように通告した。すなわち二、三日中に艦隊を率いて琉球《りゅうきゅう》および広東《カントン》へ立ち去る、と。……また来春、多分四月か五月かに日本に帰航するつもりだ。そして四艘の船全部を率いて帰って来るか、という通訳の質問に対して、全部率いて帰ってくる。……多分もっと沢山の船を率いて来るだろう（ペルリ提督『日本遠征記』二）。

ペリーの再度の来日は、日数の点でいくらかくい違いがあるが、基本的には約束通りのものであった。しかし幕府側では多寡《たか》をくくって事は済んだと思っていたのか、開国の方針をすでに決めていたのか、多くの論議がなされた形跡はない。

幕府は横浜の海岸に応接所を設け、そこで外交折衝をおこなうこととなった。そして松代、小倉《こくら》の二藩がその警護役であった。幸教は、家老の望月主水を総督、象山を軍議役に任じた。象山は、和蘭新式によって隊伍を編成し、洋式訓練を七昼夜に亘《わた》っておこなった。総勢四百有余名、銃卒四隊、隊毎《ごと》に二十四人が洋銃をとる。そのほか大砲五門の物々しい出立《いでたち》である。しかし驚いたのは幕府の役人である。これでは米使の感情を害して困ると言って砲は神奈川《かながわ》に残し、応接の日は田野にわずかな哨《しょう》兵《へい》を置いて警護の責を塞《ふさ》ぐだけ、という事志と違う結果になった。

しかし思いもかけないことがあった。ペリーは自分の独断で、本来の港を一つ開いて薪炭《しんたん》、飲料水を提供することのほかに、五つの港の開港と和親条約の締結という全く予定にない条件を持出し、この要求に応じなければより強大な軍事力と、より厳しい条件および訓令をもって出直してくる、と恫《どう》喝《かつ》外交に転ずる。日本側の代表林大学頭以下全権団はみな外国の事情には暗い。通訳たちは外国語には堪能《たんのう》でも政治のことはわからない。林大学頭は江川坦庵の意見を容れて、これまで考えられていた箱館《はこだて》のほかに下田開港という代案を出す腹づもりのようだという情報が秘かに象山に伝えられた。象山は下田は絶対不可、理由はその位置は喜望峰《きぼうほう》のようなもので軍事上の要衝だ、これを外人に開放するのは以《もっ》ての外《ほか》だ、と憤激する。そしてどうせ開港に踏切るなら横浜だ、横浜であれば彼の動静を観察できる、日本人にとっては臥薪嘗胆《がしんしょうたん》のチャンスにもなるという考えである。すぐに江戸にとって返し、監察堀利熙《ほりとしひろ》、中根靭負《なかねゆきえ》（松平春嶽の家臣）、藤田東湖を訪ね、彼らの援助を頼む。また門人小林虎三郎に、阿部正弘ならびに虎三郎の主君牧野忠雅《まきのただまさ》への説得を依頼する。

東湖とは二十年来の会談であった。彼は象山説を受けいれて斉昭に進言し、それによって幕議をくつがえそうとしたが何ともならなかった。東湖は象山への手紙に「陳皮茯令《ちんぴぶくりよう》（下田案、江川）に候へば病家安心服用いたし候へども、大黄巴豆《はず》（横浜案、象山）等の激剤は勿論附子《ぶし》人蔘（浦賀案、川路聖謨）さへ被用不申《もちいられもうさず》長大息此事に御座候」と歎いている。

第三二話　象門の二虎

東湖の言う意は、江川案の下田は江戸に最も遠く、それが要路の人々に最も安全な感を与えたのであろう。それに較べると象山案の横浜は余りにも江戸に近く、危険極まりないとみなされた。川路案の浦賀はそれにくらべると危険度は少いが、やはり近すぎて危いと感ぜられた。要路の人々は下田が唯《ただ》江戸から離れているということで安心して、軍事上の最も要衝の地を開港したということを知らない、と歎いているのである。陳皮《ちんぴ》・茯苓《ぶくりょう》というのは漢方の煎薬《せんじぐすり》で、効目《ききめ》はあまりないが安全な薬の代表とされているものである。

かくして下田開港は決まった。嘉永七年三月三日（一八五四年三月三十一日）、林大学頭とペリー提督との間に神奈川条約が調印され、象山の努力は水泡《すいほう》に帰《き》した。だが、その後象山の横浜案は岩瀬忠震《いわせただなり》（一八一八―六二）によって取り上げられ、安政六年（一八五九）に横浜は開港された。昭和三十一年に横浜市は象山の彰徳碑《しょうとくひ》を野毛《のげ》山に建てた。ところで象山はこの事件で最も頼みとする弟子小林虎三郎を身辺より失うことになる。虎三郎は象山の命を受けて老中の筆頭阿部正弘や、次席老中で主君の牧野忠雅に下田開港の不可なることを説いたのであるが、分を越えた越権行為として咎められて、故郷長岡に送還され謹慎の生活を送ることになる。幕末日本はその歴史の舞台から有為《ゆうい》の若者を失ったが、明治の長岡は藩の危急存亡《ききゅうそんぼう》の危機を救ってくれることになった大恩人を得たことになる。

虎三郎は象門の二虎と言われたが、もう一人の虎、すなわち吉田寅次郎こと松陰も、この和親条約の締結の問題をめぐって悲劇的な運命をたどることになり、そしてそれは象山をもその中に捲《ま》きこむ。いやこの問題は象山が松陰を捲きこんだと言う方がより正確かもしれない。

吉田松陰（一八三〇―五九）が象山の門を初めて叩いたのは、嘉永四年（一八五一）の五月二十一日とされている。紹介者は長州藩士田上宇平太《たがみうへいた》だった。兵学者松陰がこの年出府後初めて訪ねた学者は意外にも儒者安積艮斎《あさかごんさい》で、四月二十五日で、この五月二十一日に兵学者山鹿素水《やまがそすい》の許に入門している。松陰の養家が山鹿流兵学の師範の家で、彼もその職を受け継いでいたことを考えると、この入門は遅すぎる感じがしないでもないが、基礎学として漢学の学習の必要を痛感していたのかもしれない。この五月二十一日の象山訪問はたんなる挨拶で、素水宅からの帰途扇子《せんす》一本持参して訪れたらしい。私はむかし何かの本で、松陰が平服のままぶらりと象山の門を叩いたら、君は僕のところに学問をするつもりで来たのか、ひやかしに来たのか。学問をするつもりだったら、弟子の礼を執《と》って来給《たま》え、とたしなめられ、衣服を改め、束脩《そくしゅう》の礼を執って入門した、という記事を読んだことがあるが、これはたんなる伝説らしい（宮本仲『佐久間象山』増訂版による）。

五月二十七日の松陰の叔父玉木文之進《たまきぶんのしん》への手紙では次のようなことが書かれている。「方今《ほうこん》江都文学兵学之事三等ニ分れ居候哉ニ相見候。一は林家・佐藤一斎等は至て兵事をいふ事をいみ殊ニ西洋辺之事共申候ば老仏之害よりも甚しとやら被申由。二は安積艮斎・山鹿素水《やまがそすい》等西洋ニは強て取るべき事はなし。只防禦之論は無レ之てはと鍛錬ス。三は古賀謹一郎《こがきんいちろう》・佐久間修理……西洋之事発明精覈《せいかく》取るへき事多しとて頻ニ研究ス。矩方《のりかた》案ずるに一ノ説は勿論取ニ足らず。二、三の説を湊合《そうごう》して習練仕候はゞ少々面目を開く事可レ有レ之かと存奉候」（変体仮名は普通の仮名に改め、句読点をつけた）。これを見ると、松陰はこの時まだ象山を理解し、彼に心酔したのではない。事実この後の彼の動静を見ると、素水の門下の研究会で親友宮部鼎蔵《みやべていぞう》と共に活躍していてむしろその方が中心である。正式の入門は七月二十日であったが、故郷への手紙ではそのことへの報告はない。その後経学よりも兵学を中心に、という気持は次第に固まって来たようだが（八月十七日の兄への手紙）、同年十月二十三日の玉木文之進への手紙では、象山について次のようなことをしるしている。「真田侯藩中佐久間修理と申人頗る豪傑卓異之人ニ御座候。元来一斎門ニて経学ハ艮斎よりよかりし由、古賀謹一郎いへり。艮斎も数々是を称す。今は砲術家ニ成り候処、其入塾生、炮術之為めニ入レ候ものニても必ツ経学ヲサセ経学ノ為めニ入レ候ものニても必ツ炮術ヲサセ候様仕懸ケニ御座候。西洋学も大分出来候由、会日《じつ》アリて原書之講釈いたし申候。一遍ヤラキヽ申候」（同上）。次第に象山に心が傾いている様子は見えるが、心服ということではない。心理的にある距離があることは否《いな》めない。オランダ語が読めず、大砲の操作などにそれほど関心をもてなかったと思われる松陰には、まだ一途《いちず》にはいりこめないところが象山の世界にあったのであろう。

このような状況で松陰のいわゆる脱藩事件がおこる。かねがね十二月十五日に宮部鼎蔵や江幡五郎《えばたごろう》

と東北旅行を約束していた松陰は、藩の許可の下るのが遅れるのを待ちきれず、「丈夫之一諾《だく》、苟ク
モスベカラズ」と、藩の法規より友人への約束を重んじて脱藩して旅行に出かけるのである。

第二三話　松陰、象山に敬服する

藩の掟にそむいての旅行から帰った松陰は国許に送り帰され、謹慎の日を送ることを余儀なくされる。しかしその将来を嘱望《しょくぼう》されていた彼は十年間の遊歴修行を許されて、嘉永六年勇躍東遊の旅に出かける。そして六月六日朝浦賀で彼が見たものは、ペリーの率いる四艘の艦隊だった。

同日江戸の長州藩邸の道家龍助への手紙に、彼は次のようなことを書いている。

此度之事中々容易ニ相済間敷、孰れ交兵ニ可レ及か。併《しかしながら》船も砲も不レ敵、勝算甚少ク候。……佐久間は慷慨シ事斯ニ及ブは知《しれ》タ事故、先年より船と砲と之事ヤカマシク申たるに聞カレズ。今は陸戦ニて手詰之勝負外、手段無レ之との事ナリ。何分太平ヲ頼み、余り腹ツヽミヲウチヲルト事コヽニ至り大狼狽之体、可レ憐々レ々。且外夷江対シ失二面目一之事不レ過レ之。併シ此ニて日本武士一《ヒト》ヘコ（褌《ふんどし》）シメル機会来り申候。可レ賀亦大矣《かすべきもまただいなり》。

松陰は慷《こう》慨をおこす象山に魅《ひ》かれる。日頃理性的な象山に見られない側面を見たからではないだろうか。松陰にとって感激・感動のない人生は人生ではないのだから。肥後《ひご》に帰っていた宮部鼎蔵宛の六月十六日の手紙では

九日浦賀ノ隣津栗浜にて両奉行出張、夷ノ図〔国〕書受取ノ次第僕細カニ見レ之。誰不二為レ之泣
憤一哉（誰かこれが為に泣憤せざらんや）

と、衷情《ちゆうじよう》を訴える。

これ以後松陰の書簡には象山と西洋銃砲のことが急増する。「作（佐久間）間修理声名籍甚ニ御座候。其本藩より被レ嫉御国江被レ返候命下り候処、水府公・阿部公其他有志之人々河（川）路左衛門尉・羽《は》倉外記・水府ノ義党等深ク是ヲ惜ミ当今此人ナクば何人カ西洋砲銃ノ事ニ任じ可レ申哉。国家武備も為レ是欠闕スルトノ論ニて、遂ニ阿部より真田公へ相談之上、江戸へ留ル事ニ相成候。此ヲ以テ天下公論御察知奉レ願候」（嘉永六年八月十五日、兄杉梅太郎宛）。これは松代藩がみずから求めて御殿場の警備に当るよう藩主に説得し、その考えを老中阿部に藩の立場で申出た象山を国許に帰そうとした真田桜山・長谷川昭道らの一件である（本書一三九頁参照）。そしてこの手紙では西洋の兵学について「西洋流ヲ毀《そし》ルモ知テカラ毀カヨシ。責テ三兵「多《タ》クチキ」〔高野長英訳〕カ兵学小識〔鈴木春山訳〕ニても致二研窮一而上之事也」という見解を示し、従来の和洋折衷の態度から一歩脱《ぬ》け出る姿勢を示している。そして九月十日の玉木文之進への手紙では「西洋砲銃ノ事ハ一言ニテ断スヘク、故ハ、彼ハ各国実験ヲ経タル実事、吾ハ太平以来一二之名家座上之空言《くうげん》、此二ツヲ以而致二比較を候レバ其墨〔黒〕白判断ニ御座候」と決定的な態度を示す。そして「佐久間象山ハ当今之豪傑、都下《とか》一人《いちにん》ニ御座候。……慷慨気節、有二学問一有二識見一」（九月十五日、兄宛）と象山への傾倒を示す。

ところで兵学者象山の日本の軍事的課題としたのは、砲を作ること、船艦を求め、ないし建造すること、すぐれた若者を外国に派遣してその情報を得ること、の三者であった。かつて川路聖謨にこの見解を伝えたとき、さすがの川路も第三の点については臆病であった（本書一二七頁参照）。この第三の考えは、象山が孫子《そんし》の「伐謀《ばつぼう》」という考えからヒントを得たものである。「孫子曰わく、凡そ用兵の法は、国を全うするを上と為し、国を破るは之に次ぐ（以下、軍・旅・卒・伍について同様の見解が述べられる）。是の故に百戦百勝は善の善なる者に非ざるなり。戦わずして人の兵を屈するは善の善なる者なり。故に上兵は謀《ぼう》を伐つ。其の次は交《こう》を伐つ。其の下《げ》は城を攻む。攻城の法は已むを得ざるが為なり」（金谷治訳注『孫子』、岩波文庫）。最上の戦争は、敵がまだ戦をしかけないうちに、その陰謀のうちに破ることである。そのためにはまず敵についての正確な情報を得なければならない。さきのハルマ字彙《い》の出版もその意図に基く。「夷俗《いぞく》を馭《ぎょ》する者《もの》は、先《ま》づ夷情《いじょう》を知《し》るにしくは莫《な》し。夷情《いじょう》を知《し》るは先《ま》づ夷語《いご》に通《つう》ずるに如《し》くは莫《な》し」。ペリーが来た現状ではことばだけでなく、やはり外国に情報蒐集《しゅうしゅう》の士を派遣するのが国防の上策である、というのが象山の考えである。ところで土佐《とさ》の漂流民ジョン・万次郎《まんじろう》を幕府では通訳として採用した。象山は占めた！　と思う。幕府の渡航の禁は弛んだ。漂流という名目で若者を渡航させたらよい。そして象山の眼鏡《めがね》に叶ったのが松陰であった。胆力もあり、艱苦に耐え、海防のことには思を悩ます青年、しかも脱藩した廉《かど》で士籍を奪われている彼は名誉回復のチャンスになる――これこそ最適の人物だ、と象山は考えた。松陰の方はまた、象山の伐謀の考えに心から共感した。九月、プーチャチンがロシアの軍艦を率いて長崎に来た。松陰はこれによって渡海しようと決心する。象山は次の詩を贈って壮挙を励ました。

之《こ》の子霊骨あり。久しく鼈蹙《べつさつ》の群を厭ふ。衣を振《ふる》ふ万里の道。心事未だ人に語らず。則ち未だ人に語らずと雖も、忖度《そんたく》するに或いは因る有り。行を送つて郭門を出づれば、孤鶴秋旻《こかくしゆうびん》に横たはる。環海何ぞ茫々たる。五洲自《おのづか》ら隣を成す。周流形勢を究めなば、一見百聞に超えん。智者は機に投ずるを貴ぶ。帰来須らく辰に及ぶべし。非常の功を立てずんば、身後誰か能く賓せん。

第三四話　松陰、密航ならず

松陰が長崎に着いたのは十月二十七日であった。しかしその時は露艦はすでに立去っていた。がっかりした松陰は、途中京都に立寄り、梁川星巌に会って十二月江戸に帰り、象山に旅行の顛末《てんまつ》について報告をし、餞別《せんべつ》金も返す。歳は返り、嘉永七年（一八五四、安政元）一月十四日にペリーの率いる七隻の船艦がまたやって来た。これが下田開港の件を含む日米の和親条約に至ったことはさきに述べた通りである。松陰は事ここに至ったらやむを得ないと友人金子重輔《かねこじゆうすけ》（渋木松太郎と変名）とともに米艦に投乗して、象山の言う「伐謀」の策を講じようと決心する。三月二十七日下田沖に淀泊《ていはく》していたミシシッピー号に乗船するが、その乗員の指示でペリーのいるポウハッタン号に移り、必死になって渡米し学問をしたいという希望を述べた。相手になったのは日本語を解するウィリアムスであった。

米国側は外交交渉にトラブルを起すことを怖れて、松陰らの希望は容れられなかった。彼らはバッテラーに乗せられて下田の海岸に上陸した。松陰らがもと乗っていた小舟は波間に漂って岸に打上げられ、松陰らの行李《こうり》や大小と共に下田奉行の手にはいった。松陰らはやむを得ずと自首、江戸に護送されて伝馬町の揚り屋にうちこまれるに至った。ところで舟に残された行李には、さきに引用した「之子有霊骨」の詩、及び象山が添削した松陰の文（象山はこれを稽古のための「仮託の文」という。象山によれば、その大意は、われわれ日本人はようやく東西五百里南北三百余里の間を離れることはできない。貴国に於《おい》ては火輪船を以て全地球を僅かの日数に周回せられるということを聞いて、羨やましく思われる。あはれ此船に乗せ本国へ伴い給わば千万忝《かたじ》けない、という趣意のもので、吉田生の姓名もなかった）の二つが証拠になって松陰を使嗾《しそう》した者として象山も投獄されたのである。

この事件の取調責任者は江戸北町奉行井戸対馬守《つしまのかみ》であった。これに対する松陰と象山の対応はまったくいいコントラストをなして、両者の性格の相違を見事に示している。これを野山獄《のやまごく》中の松陰が安政元年十一月二十七日、兄に出した手紙を通じて見てみる。

象山対㆑吏未練ヲ申たる様申ものアリ。是聞違なり。弟ト渋生《じゆうせい》が口供ニは国禁ハ百も承知之前也。古人所㆑謂、事成帰㆑王、事敗独身坐耳、と中心得ニて、事成ラハ上《かみ》ハ　皇朝ノ御為、下ハ藩主ノ為ニもなるべく、もし事敗レ候ヘハ、私共首ヲ刎《きら》ルヽトモ不㆑苦、覚悟之上なりと始終申立候故、甚立派ニて吏も舌ヲ巻キ、国ニ報スル志左もあるべしと感心いたし候。

象山の場合はどうかというと、

又象山ハ不レ然。吏云、其方十年来厚ク為二国家一外寇ヲ患《うれ》へ、遂ニ此度之事に及ひ候段、其志ハ感心なる事也。乍レ去重キ国禁を犯ス段ハ恐入候か。象山云、御国禁ハ犯不レ申。昨年寅等再遊砌《みぎり》ニも、風ニ放たれ候て彼地へ渡る段可レ然と申候。此段ハ乍レ恐私深ク苦心仕候儀、御察奉レ願候。十年来間諜細作之急務たる事ハ心付候へ共、重き御国禁を存候故、曽て門人なとへもヲクビニモ出したる事なし。然処昨年土佐之漂民万二郎被二召出一候故、私存候ニは間諜事も追々官許可レ有レ之候へ共、庿《びよう》（廟）堂も御多事ニて、未タ其儀ニ及玉ハズ。併《しかしながら》漂民ヲ永ク禁錮スルノ一事ハ先御先例を改められたる姿なり。然レハ志士外国へ出候も漂流とさへ名が付キ候へハ官ニも其ものを御宥寛《ごゆうかん》被レ成道有レ之。因て風ニ放たれ候様と申たる事ニ御座候。窃《ひそ》カニ庿堂上を奉レ察候ニ、古法古例ニ付無拠《よんどころなく》も難レ被レ及二御沙汰一事有レ之故、何トカ術を設け海外江出、功をなしかへり可レ立二御役一候へハ法外之意ニ行はれ候様に苦心仕候儀ニ御座候。全ク御国禁を背き候心底、毛頭無二御座一候。

象山のこの議論に対して井戸対馬守が激怒して、万次郎のことについては外国漂流の者の禁錮《きんこ》の法が弛んだなど申すのは、下として上を忖度《そんたく》する段、甚《はなは》だ不届《ふとどき》である。……事の術を設けて海外に出し、漂流などに名を託するも心底はやはり国禁を犯すものである。かつ非常の大変といっても法例は法則である、と談ずる。その間激しい議論の応酬があったが、象山は遂に、非常の節にも法は法、例は例とおっしゃるなら、一も二もなく私が国禁を犯すことは明らかである、と言わざるを得なかった、とされている。

このことを象山自身のことばによって聞こう。「最初より此頃迄も、小弟多年外寇の事に心を尽し皇国の御為と存し候外無㆓他事㆒候ひし所一旦にして此禍に罹《かか》り候は、天は弟をして此義を唱へしめ、天朝百僚の御方々に、当今の急務かの人才を撰ひ彼の地に遣《つかわ》し候より外の義あるましと申事を、よく其心に得さしめ玉わんとての事にも可㆑有㆑之と志《こころざし》を励まし、御尋の時其趣意申立候所、いか様申候ても、彼のアメリカには多日滞船の間に、人からは隠所《かくしどころ》までを見透かされ候ひきなから、此方にては是までの死法を守り、かれの長所を取らんすべをも知らず、彼の形勢事情を採（探）らんともせられぬ様子、誠に望を失ひ申候」（安政元年四月二十七日、山寺常山・三村晴山宛）とある。

第三五話　象山、松陰　蟄居の身となる

これらの経緯を見ると、象山が裁判官の心証を害したことは言うまでもない。当時、松陰は死の覚悟がよくできている、それに対して象山は死を怖がっている、という評判も立ったようだ。このような評価自体が非常に日本的と言えるかも知れない。松陰の実存的態度は大方の日本人にはいさぎよい態度として非常によくわかるのではないかと思う。しかし裁判の席を利用して幕府の政策の変更への挑戦を試みる象山の態度には、それまでの日本人にはない不敵なものがある。これは「惜死《せきし》」という

ものではない。象山が死の問題をどう考えていたかよくわからないが、彼には死の恐怖がほとんどなかったような気がする。自己の知に対する自信とそこから溢れ出る生への勇気と大胆さが彼には潜んでいるように思えるのだ。

この死の問題について松陰は愛弟子野村和作《のむらわさく》に後年次のように語っている。

義卿《ぎけい》は苦死は出来ぬ男、甘死は長所、敢て人に耻《は》ぢず、何んとなれば情人なればなり。曽て幕廷に鞠《きゆう》せられし時、僕を無眼人が象山より誉《ほめ》たるも是なり。僕は万死自ら分とす。一死を甘んじ居、象山は中々甘んぜぬ故に、象山惜死の評あり。是象山の気根実に余に勝る。然れども人各々能あるあり、不能なるあり。余必ずしも象山を学ばず候。

さすがに松陰は師と自分のことを客観的に見ている。そして師を尊敬しつつ、しかも自己を失わないところに松陰の値うちがある。

二人の判決は九月十八日に決まった。象山は「真田信濃守家来へ引渡於二在所一蟄居申付」、松陰は「父杉百合之助へ引渡於二在所一蟄居申付る」となっている。国禁を犯した重罪ということで、終身禁錮または死刑が避けられないところだと思われていたが、この状勢を見て憂慮していた川路聖謨が阿部正弘に働きかけて、阿部から井戸対馬守に密旨を下してその結果右のような判決になったという。国防問題に対する象山の多年の尽力と松陰の国を思う真情が二人を動かしたものといえよう。

判決が下された日、二人は互に相黙礼するだけで言葉を交《か》わすことが許されず、やがて松代と萩《はぎ》とに別れなければならなかった。時に象山は四十四歳、松陰は二十五歳。二人はこの後相見ることはなかった。萩に帰った松陰は野山獄中でこの時のことを「別れを奉ずるの時官吏座に満つ。言発すべからず。一揖して去る。今乃ち地を隔つること三百里。鶴唳雁語《かくれいがんご》を聞く毎に、俯仰《ふぎょう》低回自ら措く能はず」と述べている。象山は松代に発つ前に、前年の秋に露艦を求めて長崎へ向った松陰に贐《はなむ》けの詩を贈ったこと（本書一四九頁参照）を想い出して次のように詠じた。

かくとだに知らでやこそのこのごろは君を空ゆく田鶴にたとへし

象山が松代への護送のために江戸を発ったのは九月二十九日であった。十月三日に松代着、ひとまず姉の北山家に落着く。十一月四日、松代地方に地震があり、彼は老朽のわが家に帰ることを諦めて親しい家老職の望月主水の別邸を借り受けることにして翌月五日に移り住んだ。この家は松代町の御安町にあり、七百余坪の広大な敷地の美しい庭園には二株の老松と百数十本の桜樹が繁り、東北には竹藪もあって山林の中にあるかのような思いをさせる住いであった。象山が日常起臥《きが》した二階の八畳の部屋からは川中島の遠景が一望の中に見えるので、彼は非常に気に入って聚遠楼と名づけた。彼の蟄居は余りにも長く、九年にも亘るもので、象山個人にとっても幕末の日本にとってもその損失は計り知れない。とはいえこの豪壮な住いは松陰の野山獄とは天地の距《へだた》りがある。

この住いに落着いて、彼はこの年の揚屋生活の中でほぼ腹稿成っていた『省諐録』を録した。彼の代表的著作である。省諐とはあやまちを省《かえり》みるという意である。この著の中に次のようなことばがある。「吾れ久しく格物に従事すといへども、内にしては家庭につき、外にしては郷党親朋につき、異時に（「以前に」の意）停調処置して、頗る以て当れりとなせるもの、徐《おもむ》ろにしてこれを省みれば、往々に大なる過不及ありて、人の意に満たざりき。皆これ工夫未だ熟せずして、人情世故未だ通徹するを得ざりし故なり」。これを見れば、彼のあやまりは「人情世故」に通ぜず、その実現の方法に当を得ないことにあって、その基本の考えには何のあやまりもないということになる。全巻を貫くのは象山の自負の念とそれに伴う使命感である。「人の知るに及ばざるところにして、我独りこれを知り、人の能くするに及ばざるところにして、我独りこれを能くするは、これ天の寵《めぐみ》を荷《にな》ふなり。天の寵を荷ふことかくの如くにして、しかも惟《ただ》一身の為に計りて天下の為に計らざれば、則ちその天に負くこと豈にまた大ならずや」「たとひ予れ今日死すとも、天下後世、まさに公論あるべし。予れ又何をか悔い何をか恨みん」。大丈夫の気概まさにかくの如し、と古人は書くところであろう。敗戦後の日本の男性が忘れたありし日の男性美の一つの典型と言ってよい。象山は挫折を知らない人であった。彼の魅力と脆《もろ》さはまたここにあった。

第五章　聚遠楼の日々

第三六話　象山の蘭学者としての実力

『省諐録』は非体系的な著作で、他の思想のエッセンスともいうべきものが、あちこちにちりばめられている。これらを一々書くとあまりにも散漫になるので、象山の思想については後でまとめて記すことにして、われわれは先へ急ごう。

安政二年（一八五五）の八月、吉田松陰はその著『幽囚録《ゆうしゅうろく》』をまとめて象山の許に送って来た。これはもと象山のすすめによって、江戸の揚り屋で松陰の考えたことをまとめたもので、象山の『省諐録』に相当する。その主な内容はペリーが来航して以来の松陰の国防・外交問題への関わりと、それをめぐっての象山と松陰との関係について記したものである。とくに象山が、俊才巧思の士十数名を択《えら》んでオランダの船に托して海外に派遣し、造船のことなどにも従事させて軍艦を購入させ、その往《い》き帰りの間に海外の情勢を知らせ、操船に習熟せしめるという策——この案はのちに榎本武揚《えのもとたけあき》・赤松大三郎《あかまつだいざぶろう》、西周《にしあまね》・津田真道らによって実現された——について話したときに自分の航海の志は決まった、と書いているところは注目すべきところであろう。また象山が常に松陰を励まして「士は過《あやまち》無きを貴しとせず、過を改むるを貴しと為す、善く過を改むる固《もと》より貴しとなすも、善く過を償うを尤も尊しとなす。国家多事の際、能く為し難きの事を為し、能く立て難き功を立つるは、過を償うの大なる者なり」、という説を聞いて、この挙によって万国の形勢情実を観察して過ちを償い、恩に酬《むく》いる一端にしたいと考えたことも記されている。

象山は松陰の文章のあちこちに添削しているが、重要な点は、松陰が礮（砲）銃歩騎については日本の古法を用いて、オランダその他の西欧諸国の法によってその不備を補うと言っているのに対して、象山が「余を以て之を観れば、本邦の古法、今時に在りては一として用う可き無し」（原漢文）と断定していることであろう。

象山は蟄居の期間も、藩の家老、友人・知己などに上書、手紙の往復をし、他藩の士に対してもひそかに砲術を教えるなどして、はばかるところがなかった。その結果、この年の九月二日老中の阿部正弘から不謹慎の行為を慎しむよう達しがあり、これ以後、門前には番人を置いて見張り、人の往来・書翰の往復を禁じた。それ以後は不自由にはなったが、読書三昧《ざんまい》の日を送ることができるようになり、彼の見識は深まっていった。

この年九月にはこれまで書いた原稿を集めて「象山浄稿」を編集した（『象山全集』巻一、所収）。ところでこの年十月二日、江戸に大地震があり、藤田東湖も圧死する。象山はしみじみと人間の運命について思いを馳《は》せざるを得なかった。なおこの年一月十六日にはライヴァル江川坦庵が没し、十二月には松陰は野山獄を出ることを許されて、自家屛居《へいきょ》を命ぜられた。

翌安政三年には甥の北山安世が身をもち崩し始め、象山やその姉の心を傷《いた》める。安世（当時藩の表番医）はこの年長崎に洋学を学びに行くことになったとなっているが、実は義絶されたらしい（井出孫六『小説佐久間象山』）。

この年象山を夢中にさせたのは「迅発撃銃」すなわち元込銃の発明であるが、このことはすでに述べたので省略する。私が象山のこの伝記を書きながら、大変気にしている問題は象山の蘭学研究の実力の問題であった。現在の私の研究段階では、この問題についての十分の答を出すことはできない。この問題について私には一つの先入見《せんにゅうけん》があった。それは勝海舟が、象山という男は、儒学を勉強している男には蘭学の話をし、蘭学をやっている者には儒学の話をして相手を煙にまくところがあると述べているのを見て、少しいかがわしい感じをもっていた。しかし今度この伝記を書くに当って彼の書簡を読むと、その旺盛な知識欲とこれは原典をきっちり読んでいるという実感をもたざるを得なかった。そして井出孫六氏の『小説佐久間象山』（下）を読んで、そこに載せられた代表的な著書のリスト、リストは載ってないがその冊数、等を見、そして象山個人ならびに松代藩の洋学関係の文献目録に見られる洋兵書の選択内容の素晴しさを知って、この検討はオランダ語のできる兵学研究者に是非やっていただかなければならない問題だと思う。とくに安政二年勝海舟との往復書簡に出るデッケルの八百ページに及ぶ二巻本の蘭訳本の、ほとんど全ページに及ぶほどの付箋《ふせん》の記事を見て、頭の下る思いがした。そして平成元年十一月の『古典籍下見展大入札会目録』303の「佐久間象山独文（オランダ文の間違いであろう）書簡　大槻磐渓宛」の写真を見て、この本は誰の手によって落札されたか知らないが、どなたかこれを解読して戴けないか、とも思う。さらに驚いたのは象山がクラウゼヴィッチの『戦争論』のオランダ訳を勝海舟経由で手に入れて読んでいるということである。この記事を見て、象山が森鷗外《もりおうがい》につながる思いで一瞬ハッとした。象山の読書を通じて見られる彼における西欧世界の再現は、将来の比較文化研究の重要なテーマであると思っていることを附け加えてこの節を終わる。

第三七話　通商条約についての意見書

比較的静謐《せいひつ》を保っていた象山の蟄居生活も安政四年（一八五七）になって遽《にわ》かに慌しくなる。前年下田に来て通商条約の締結を求めていたハリスの要求を容れて、幕府は十月になって彼の出府を認め、将軍への謁見を許し、井上清直《いのうえきよなお》と岩瀬忠震を全権としてハリスとの交渉を命じた。そして十二月二十五日には基本的に両者の間に協定が成立した。時の老中筆頭は堀田正睦《ほったまさよし》であった。外交の衝に当った外交官の間に積極的な開国論を唱えた岩瀬忠震らの目付グループと、消極的な開国論を唱えた川路聖謨や水野忠徳《みずのただのり》らの勘定奉行系のグループがいた。両者の違いは、貿易の意味を積極的に認めるか否かというところにあった。二つの相異なる外交方針の間に立って、堀田は基本的に岩瀬らの積極的開国論の方を採った。堀田の考え方は次の如きものであった。

方今《ほうこん》第一の専務は、国力を養い、士気を振起せしむるの二事に止るべく候えども、惣じて強兵は富国より生じ、富国の術は貿易互市を以て第一となす故、即ち今、乾坤一変の機会に乗じ、和親同盟を結び、広く万国に航し、貿易を通じ、彼が所長を採り、此の不足を補い、国力を養い、武備を壮《さか》んにし、漸々彼等御威徳に服従いたし、終に世界万邦至治の恩沢を蒙り、全地球中の盟主と仰がれ候様の御処置こそこれ有り度し。

然るを事の利害を計らず、ひたすら小事を論じて、彼を忌み嫌い候様にては、旧来同天地間の国々、御《ぎょ》し方《かた》により候ては皆我の爪牙羽翼《そうがうよく》とも相成るべきを、いわれ無く讐敵と致し候は、天理人情においても相通ぜず、時勢を弁《わきま》えず、徒らに国事を誤り候次第に陥ち入り申すべきか……。

（松岡英夫『岩瀬忠震』、一〇〇―一〇一頁より引用）

これは幕末日本の外交方針を決めた重要な文書であろう。

ここで幕府は、朝廷に国政を委譲された機関としてみずからこれを批准《ひじゅん》し、そして朝廷に報告することもできたであろう。もしその方途《ほうと》をとれば幕末の政治はこれほど紛糾しなかったと思われる。しかし堀田は阿部正弘の方針を踏襲した。このようにもし朝廷の許可を得るという道を取るのであれば、もう少し慎重に諸藩の代表たちによって新方針を承認して貰った上で朝廷の同意を乞うとか、岩瀬が献言したように条約の案文を公表して世論のバック・アップをはかる、等の処置が必要であったろう。この点堀田以下幕府当局はあまりにも事を安易に考えていた傾きがある。

象山は堀田に対して大きな期待と信頼を寄せていた。しかし箱館・神奈川（横浜）・長崎・新潟《にいがた》・兵庫《ひょうご》の五港を開き（段階を追って開く）、公使・領事の駐劄《ちゅうさつ》を許し、治外法権を認め、関税自主権をアメリカ側に与える（税率は日本側にとっては必ずしも不利ではなかった）、等の内容をもつ案は、堀田の側近に人なく、ハリスに恫喝されてこのような条約案が締結されたものとみなした。象山は日本の国防体制が整うまでは箱館・下田・長崎以外の港は開くべきではない、とくに日本の法の規制を受けない公使の駐劄は絶対に認めるべきではないと考える一方、堀田を失脚させては日本の将来に対して大きな損失と考え、公武の和合の必要があるとして、江戸を引き払って京都に住んでいた梁川星巌に密書を送り、朝廷に働きかける。

他方幕府は、最初林大学頭と津田半三郎正治《つだはんざぶろうまさはる》を京都に派遣して了解を得ようとしたが、公卿たちは軽く一蹴《いっしゅう》する。ついで安政五年の正月に堀田正睦みずから川路聖謨・岩瀬忠震を伴って京都に出かけ、公卿たちを説得しようとするが、京都の政治的空気はあまりに違いすぎた。そして頼みとした岩瀬は位が低いために公的に説明の機会は与えられない。また京都の精神的風土は、外国人に対する感情的・生理的反撥によって支配されていて、理性的説得を受けいれる基盤がなかった。そして結局この年の三月二十六日に条約締結を禁ずる勅命が下った。約三ヶ月に渉る堀田らの努力は水泡に帰し、彼らは大きな政治的課題を背負って江戸に帰ることになる。勅命を奉ずれば国際的信義に反する。アメリカとの約束を守れば違勅になる。彼らにとって苦渋《くじゅう》に満ちた旅であったろう。

象山は幕府がなんらかの政治的決断を下す前に役に立つようにと交渉案を起草し（四月十六日）、藩主の名前をもって幕府に上《たてまつ》ろうとする。その趣旨は、西洋諸国が通商を請うのは「天地公共之道理」からであると言うが、その実各国の私利に基くことはアヘン戦争によって明らかである。アメリカがもし天地公共の実理に立つのであれば、なぜペリーは多くの軍艦兵器を率いてやって来たのか、英領インドの「テ（デ）リー大乱」（セポイの乱）についてイギリスを批判しないのか、イギリスが日本との貿易においてアヘンを売る考えを持っているのをとめさせるには、日米が条約を結んでいることが必要だとアメリカは主張しているが、これは子ども欺《だま》しの論である。これらの前提に立っている今回の条約案は天地公共の道理に基いているとは言い難いから、これを破棄して、あらためて日本から使節を米国に派遣して、天地公共の実理に基いて日米間の交際を開きたい、と申し出る案であった。しかし藩としては内部でクレームがついたために藩主の名を以て上書することは止め、象山の私的意見として川路や岩瀬にのみこれを見せるにとどめ、実効はなかった。

第三八話　朱子学と自然科学の結合

象山は言う、「力を同じくすれば徳を度《はか》り、徳を同じくすれば義を量る。文王の美を称すといえども、また、大国はその力を畏れ、小国はその徳に懐《なつ》くと云ふに過ぎず。その力なくして能くその国を保つものは、古より今に至るまで、吾未だこれを見ざる也。誰か王者は力を尚ばすと謂ふか」（『省諐録』）。これは日本の国際政治についての思想的文献の中で「力」ということを正面から問題にした最初の文献と言ってよいかもしれない。マイネッケが『国家理性の理念』で展開している「力」（Krathos）と「エトス」（Ethos）ということが正面から問題とされ、しかも「力」ということを基本に据えている思想は、西欧の衝撃の下で幕末に初めて生まれた（藩レベルでは海保青陵の思想がこれに近い）。強大な軍事力を伴った外圧に直面して、象山が「力」に対してはあくまで「力」で対する以外にないことを決意したとき、彼は西洋諸国の力の実体は何であるか、またはその根源は何であるかを問わねばならなかった。そして言う、「扨《さて》其国力を強くし敵国をして恐れしめんには、先敵国にて知り候事を知り、敵国にて能くし候事を能くし候て、遂に其上に超出《こえいで》候に無之候ては能はざる事と奉存候。大凡《おおよそ》敵国の侮りを受け候は、全く彼れが智力学力及び候はぬより出で候事と存候」（安政元年〈一八五四〉二月十九日、川田八之助外一名宛の手紙）。西欧の軍事力の優越の基礎には、智力、学力の優越がある。そしてこの西欧の卓越した智力の根源には窮理の精神がある。

このような認識をもった象山にとって当然浮んでくる疑問は、同じく窮理を説きながら、なぜ西欧は強大な国となって世界を支配し、中国は一敗地にまみれたかということである。儒教を信奉している象山にとって、中国のアヘン戦争における敗北は他人事《ひとごと》ではなかった。そして嘉永二年（一八四九）

の上書において次のような解答を出している。「西洋諸国学術を精研し、国力を強盛にし、頻《しきり》に勢を得候て、周公孔子の国迄も是が為に打掠《かす》められ候事、抑《そもそも》何の故と被思召候や。畢竟《ひつきよう》彼の学ぶ所は其要を得、是の学ぶ所は其要を得ず。高遠空疎の談に溺れ、訓詁《くんこ》記誦《きしよう》の末に流れ候て、其間一二有用の学に志し候ものありといへども、一体万物の窮理其実を失ひ候国風にて、其論じ候事と行ひ候事と相背馳《はいち》し候風誼《ふうぎ》に候」。注目すべきことは、象山が朱子学の「窮理」ないし「格物」そのものは認め、中国の朱子学者の大方の実際やっている窮理が真の窮理にかなっていないことを批判していることである。朱子学者たちの大方は書籍を物神化してその中に理を求める。象山は、物に即して理を窮めてこそ、すなわち自己の直面する課題と取り組み、そこに理を窮めてこそ真の窮理と考える。

朱子学の理では道理と物理とが連続的に捉えられているが、彼は「豈人倫日用《じんりんにちよう》、物理を外にする者有らんや。余未だ物理に昧くして人倫日用に周《あまね》き者を見ず」（『邵康節先生文集』序）と物理を重視する。このような見解を取る象山にとっては、朱子の窮理は天下の物に即してその理を窮めて知識を尽すことをめざすものであり、西洋の「窮理の科」などもこの朱子の意にぴったり合う。だから西洋の学術までもわが学中の一端である、とする。しかし西洋の窮理学を学ぶことによって朱子学の五行説の誤まりであることがわかる側面がある、とも言う（弘化四年〈一八四七〉十月二十二日、川路聖謨宛）。

ここに見られるように、象山において朱子学の理は南宋偏安《へんあん》の地を離れて普遍的なものであり、「五《ご》世界に渉り其あらゆる学芸物理を窮め」ることが朱子の本意である、ということになる。ここから次のような考えが出てくる。「宇宙の実理は二つなし。斯《こ》の理の在る所は天地も此《これ》に異ること能はず。鬼神も此に異ること能はず。百世の聖人も此に異ること能はず。近来西洋発明する所の許多《あまた》の学術は、要するに皆実理にして、祇《ただ》以て吾が聖学を資《たす》くるに足《た》る」（贈小林炳文《へいぶん》）。象山にとって朱子学は普遍的思想である。彼によれば「当今の世に出で善く大学を読み候者は必ず西洋の学を兼」ねることは有無の論に及ばない（文久二年〈一八六二〉九月上書）のであり、「東洋の道徳と、西洋の芸術と、精粗遺さず、表裏兼該《かねかね》」することが、幕末に生まれた人士のなすべき勤めであった。彼はさらに積極的に、「西人《せいじん》が理窟《りくつ》を啓《ひら》きし後に生れて、古の聖賢が未だ嘗て識らざりし所の理を知る」のは自分の人生の楽しみの一つであると言う。このように朱子学と自然科学の同一性が主張されると、朱子学的教養は薄いが、儒教的エトスはもちつづけている次の世代の青年武士たちは、もはや儒教と洋学との関係に心を煩《わずら》わされることなく、安んじて洋学を学ぶことができた。洋学を学ぶことは夷狄《いてき》に屈することではなく、聖賢の道を全うすることであったからである。

しかし象山にとって朱子学に言う道徳とは何であったか。かつて一斎に対して朱子学的立場の「敬」理解の必要を説いた象山にも（本書五四頁）、この時期になると「敬」の心法はあまり見られない。「礼」という形からはいっていくのが後期の彼の道徳の主たる内容となる。晩年の象山はこの点においては形式主義者であった。

第三九話　象山の西欧文明認識

象山の日米修好通商条約案の批判を見てみると、象山を以てしても国際法の理解はできていなかったということがわかる。明敏な幕末日本の代表的外交官岩瀬忠震と雖《いえど》も外交官としての経験を積む過程の上でだんだんわかって来たのだから、松代に蟄居している象山がわからなかったのはやむを得ない。条約を締結している国相互間において公使や領事が一国を代表するものとして自国の法によって守られているということは、象山にとっては非常にわかりにくいことのようであった。

象山においてこの問題の理解を困難にしている他の原因に、彼における思惟《しい》様式というものもあるようだ。朱子学者象山が幕末期を代表する思想家として自己を形成する契機となったのは、あらためていうまでもなく西欧の衝撃であり、直接にはアヘン戦争における中国の敗北であった。儒者象山は、自己の資質に兵学者としての性格を加えた。象山にとって儒学は自己のアイデンティティを確保するために必須のものであり、そのためには普遍的思想として生命をもつものでなければならなかった。他方、兵学は彼の祖国日本の存続・発展のためにはなくてはならないものであった。この両者の統一を可能にしたものは武士としての自覚であった。

象山にとって西欧諸国は「元来道徳仁義を弁へぬ夷狄《いてき》の事にて、唯利にのみ賢く候ば、一旦兵乱を構へ候方、始終己れの利潤に相成可申と見込候はば、聊《いささ》か我に怨なくとも如何様の暴虐をも可化《つかまつるべ》」

（天保十三年〈一八四二〉上書）き存在で、国際関係というものは「力を同じうして徳を度《はか》り、徳を同じふして義を量る。文王の美を称すと雖も、亦大国は其の力を畏れ、小国は其の徳に懐《なつ》くと云ふに過ぎず。其の力無くして能く其の国を保つ者は、古より今に至るまで、吾未だ之を見ざる也。誰か王者は力を尚ばすと謂はんや」（『省諐録』）というものであった。徳や義を否定するものではないが、力なくしては徳も義もすべて空餅《くうへい》にすぎなかった。ここには戦における勝敗ということを原点として国際関係は捉えられている。

象山の知的営為もこの基本発想と結びついている。彼のオランダ語の学習も、ハルマ和解の出版の計画も「夷俗を馭するは、先ず夷情を知るに如《し》くは莫《な》く、夷情を知るは、先づ夷語に通ずるに若くは莫し」（前出）という考えから生まれた。化学の実験も、銃砲の製造もすべてこの発想から生まれた。日本の独立をはかるための兵学的・軍事学的関心は、彼の思想の性格をきわめて主知的なものとした。

伝統的兵学のうち、彼が特に学んだのは、『孫子』と『司馬法』であった。彼の学問の実践的動力には「敵を知り、己を知るものは百戦殆《あやふ》からず」という孫子の考え方があったが、『省諐録』ではさらに百尺竿頭《かんとう》一歩を進めて言う。「彼を知り己を知るも、今時に在りては未だ戦を言ふべからず。悉く彼の善くするところを善くして、しかも己の能くするところを喪はずして、然る後に始めて以て戦を言ふべし」。ここにいう「彼の善くするところを善くする」というのは「敵人の用る所の物を見候ては、必ず効《なろ》ふてこれを用い、これと侔《ひと》しからんと思ふ」（安政五年〈一八五八〉正月十五日、藩老への上書）と同義であり、これは『司馬法』に言うところの「両之《りようし》の術」であるという（見レ物与侔、是謂二両之一・『司馬法』定爵第三）。この両之の術によって学ばれるべきものは「詳証の術」（数学）であり、さらにくわしく次のように展開される。「全世界の形勢、コロンビュスが究理の力を以て新世界を見出し、コペルニクスが地動の説を発明し、ネウトン（ニュートン）が重力引力の実理を究知し、三大発明以来、万般の学術皆其根底を得、聊《いささ》かも虚誕の筋なく悉皆着実に相成、是に由て欧羅巴弥利賢《めりけん》諸洲次第に面目を改め、蒸汽船、マグネチセ、テレフガラフ等創製し候に至候て、実は造化の工を奪ひ候儀にて、可愕《おどろくべき》模様に相成申候。ここにては、是非とも『司馬法』に申すところの両之《りようし》の手段に仕り候のほかこれなくと存じ奉り候」（安政五年、梁川星巌宛）。この点の象山の西欧文明の認識は驚くほど正確になっている。

象山が松陰に渡航をすすめたのも「間諜《かんちょう》」として海外の情勢について正確な情報を蒐集させるためであった。この観点からすれば、アメリカの公使も領事もすべて間諜としてわが国に派遣されたものにすぎなかった。彼が日米修好通商条約案の公使や領事のもつ特権にこだわったのには、このような背景があった。

象山がピョートル大帝を模範的人物として仰いだのも、このような背景を念頭に置くと実によくわかる。ピョートル大帝は、敵人のすぐれた文明を自己のものとして吸収し、蒙昧《もうまい》のロシアをヨーロッパの強国に匹敵する強国たらしめたのだから。

象山の兵学者意識は、彼を軍事技術のエキスパートにしただけでなく、国際政治の冷厳な認識者とした。「振抜特立《しんばつとくりつ》は可也。激昂忿戾《ふんれい》は不可也」（『省諐録』）。政治家において情熱の必要を認めつつ、この情熱を理性によってコントロールする必要があるというこの考えは、マックス・ウェーバーの『職業としての政治』における政治家いかにあるべきかの考え方を連想させる。

第四〇話　二つの「窮理」論

象山は朱子学の格物窮理の思想を普遍的性格のものと考えて、それを西洋の自然科学の法則探究の精神と同一化し、朱子学の土台の上に洋学を学ぶ。両者をつなぐものは彼の場合兵学だった。ところで十九世紀になって西欧の衝迫が東アジアの儒教世界に迫ったとき、この朱子学を土台として洋学をみずから学び、そしてそれを積極的に受容したのが佐久間象山であった。日本ではこのようなタイプの人は他にもあったが、その徹底性において象山に勝《まさ》る人はない。

ところで中国と李朝朝鮮を見渡しても、このように朱子学を基盤として洋学を学んだ人はない。それらの国々の朱子学者にとって、朱子学が洋学受容の思想的基盤となることは夢にも考えられないことであったろう。彼らにとって朱子学は、形而上学的基礎の上にうち立てられた人倫の学にほかならなかった。彼らからすれば、洋学はたんなる分析の学、功利の学にほかならなかった。朱子学と洋学とは共存することのできないものであった。日本の朱子学者でもそのように考えた人は数多くいる。

その中で象山と最も対蹠《たいしょ》的な立場に立つのが大橋訥庵（一八一六―六二）で、彼と対比することによって象山の思想の性格はより鮮明になる。

訥庵は幕末の代表的な朱子学の立場に立つ行動的保守主義者である。攘夷論者として終始し、安藤老中襲撃の首謀者の嫌疑で捕えられ、文久二年（一八六二）に獄死した。彼は『闢邪《へきじゃ》小言』という攘夷の書を嘉永五年（一八五二）に脱稿し、安政四年（一八五七）に刊行した。彼によれば「今ノ西洋ハ、諸邦ヲ呑噬蚕食《どんぜいさんしょく》シテ、豺狼《さいろう》ニ均《ひと》シキノミニハアラデ、久ク異志ヲ蓄ヘテ、覬覦《きゆ》ノ念アル賊」であり、絶対に相容れない存在である。ところで日本には西洋の兵法・兵学は戦闘に「便利」だと言ってこれを採用しようという者がいる。訥庵はこの立場をとる兵法家に対して「戦闘ハ非常ノ事ユヱ、便利ナルガ善キゾト云ヒテ、只管《ひたすら》洋俗ニ倣傚《ほうこう》スルハ、権宜《けんぎ》ヲ得ルニ似タレドモ、実ハ大本《たいほん》ニ暗クシテ、夢ニモ兵機ヲ知ラザル者ナリ」と言い、さらに一友人の言を引いて「西洋ノ賊ヲ防ガントテ、只管西洋ノマネヲスルハ、人タル者、犬ト闘ント欲シテ、我モ亦噛ムコトヲ学ブ類ナラン」とさえ言う。

訥庵が西洋文化排撃の有力な理由の一つとしたのは、西洋が窮理を知らないということだった。彼の考えをもう少し具体的に言うと、西洋の窮理と朱子学でいう窮理とは異なり、しかも朱子学の窮理の方が正しい、ということになる。ところで訥庵の理解する朱子学の理は、形而上的かつ道徳的性格の理であり、窮理の方法は「先づ大志願ヲ興発シテ、天下我トハ果シテ一カ、道理ノ万古一日ナルハ、果シテ実ニ然ル事カ、人皆可ㇾ為二尭舜一トハ、果シテ誇言《こげん》ニ非ルカ、我ノ人タルヲ得ル所以ハ、果シテ何物カ然ラシムル」というような事柄を洞察して、疑ない状態にならなければ誓ってこの世に立つまいと激昂して「能《よく》心ヲ収斂《しゅうれん》シテ、間思雑慮ヲ掃蕩《そうとう》シ、光明静慮《こうめいせいりよ》」ならしめ、わが心を以てわが知を明らかにすることにならない。

それに対して洋学者の窮理は分析術にほかならない。つまり「其ノ物ハ、某ト某トノ気ノ合シタルナリ。某ノ物ハ、某ト某ト同質ナリナド、一物ゴトニ破砕《はさい》」する知的営みが洋学者の窮理である。そして訥庵は、朱子学の窮理の観点から「父子《ふし》ニハ親《しん》ノ理《り》アリ、君臣《くんし》ニハ義《ぎ》ノ理《り》アリ、兄弟朋友ニハ信序ノ理アルヲ、分析術ニテ知ルヲ得ベキヤ、抑《そもそも》顕微鏡ヲ荷ヒ出シテ、父子君臣ヲ見ントスルカ、真ニ絶倒ノ談ト云ベシ」とし、ここから「洋学者ノ為ス所ハ、理ヲ窮ルノ道ニハアラデ、理ヲ亡ボスノ術ト云ベシ」という結論を下す。

安政五年、友人の山寺源太夫から借りてこの本を読んだ象山は、その愚論に呆《あき》れて、わざわざ駁《ばく》論の必要もないとしている。しかし訥庵の窮理観に立てば彼が「一草一木一昆虫の微にいたるまで」の理を窮めるという朱子学の重要な一側面を忘れたとはいえ、それはそれとして筋が通っている。朱子学において「物理」と「道理」とが連続し、しかも道理の方が優位に立つと考えられているところに訥庵の論拠がある。

われわれは象山が「豈人倫日用、物理を外にする者あらんや。余未だ物理に昧くして人倫日用に周《あまね》き者を見ず」（『邵康節先生文集序』）と言っていることを想起しよう。象山の主観においては彼は完全な朱子学者である。しかし客観的には、朱子学を物理優先の学に読みかえた経験的主知主義者であったといえよう。そのことが朱子学と洋学との接合を可能にしたのであった。

しかしまた『省諐録』では「東洋の道徳と、西洋の芸術と、精粗遺《のこ》さず、表裏兼ね該《か》ね」となっていることにも注目しよう。朱子学の物理はここでは科学技術（芸術）と同一化され、道徳がそれと対等の地位に浮び上っている。このことばは西洋の科学技術が日本の文明の中に吸収された時の朱子学の役割をも、晩年の象山が社会秩序の保持に熱意を示し始めることをも暗示している。

第四一話　松陰の最後の手紙

この修好通商条約の問題には将軍継嗣《けいし》の問題が絡んで、それが事態を複雑にした。当時の将軍家定《いえさだ》は、首や手足が本人の意思と無関係にピクピク動くという肉体的欠陥があったという。多分非常に神経質な人だったのだろう。おまけに天然痘の予後のアバタがひどくて容貌上のコンプレックスがあり、人に会うのを嫌《いや》がったらしい。さらに決定的には子どもができなかった。こういう中で将軍継嗣問題が出てきた。これまでの慣例では将軍と血統的に近い適任者が後を嗣ぐということになっていて、そうなれば紀州の慶福《よしとみ》（のちの家茂《いえもち》）ということになる。慶福は安政五年（一八五八）当時で十二歳である。

ところで国家的危機の中で聡明で難局に処し得る人として一橋慶喜《ひとつばしよしのぶ》の名が浮かび上ってきた。彼は安政五年当時で二十一歳。彼を擁立しようとしたのは松平春嶽、それに賛成したのが、島津斉彬、伊《だ》達《て》宗城《むねなり》、蜂須賀斉裕、山内豊信《やまのうちとよしげ》（容堂《ようどう》）の諸大名であり、尾張の徳川慶恕《よしくみ》（慶勝）や春嶽の弟の田安《たやす》慶頼《よしより》は消極的賛成者ともいうべき立場にあったらしい。前者を支持する者は、幕藩体制を現状のまま維持し祖法を守ろうとする大名や幕臣に多く、後者を支配する者は幕藩体制を改革し、公論に立脚して日本という立場で政治をなすべきだとする諸大名や幕臣が多かった。この政治的対立に日米修好通商条約の締結に当って天皇の勅命に従うのか、国際信義を主とするか、という問題が絡んだのである。

大老井伊直弼は条約の調印には非常に慎重であったが、やむを得ないと判断し勅許をへずに安政五年六月二十日に調印するとともに、堀田正睦らを退《しりぞ》け、京都にも調印の旨通達、さらに慶喜擁立派の大名・幕臣を処分する。沸騰する政治世論の中で孝明《こうめい》天皇から水戸・薩摩の諸藩に攘夷の勅諚《ちょくじょう》が下賜され、尊攘の志士たちの動きはますます烈《はげ》しくなっていく。井伊はこれに対応するためにますます強圧的になってここに安政の大獄が始まる。この時吉田松陰は老中間部詮勝《まなべあきかつ》の暗殺を計画し、さらには勅使大原重徳《おおはらしげとみ》の伏見要駕策《ようがさく》まで突き進む。そしてその間、藩政府に絶望し、有力な弟子たちにも敬遠されて「草莽崛起論《そうもうくっきろん》」を展開していった。驚いた藩の執行部は松陰を投獄する。この絶望的状況の中で、安政六年四月二十五日に象山宛の密書を書き、これを弟子の高杉晋作に托する。

> 矩方《のりかた》謹んで再拝して白《もう》す。奉別六年、世事百変す。丈室に身囚はるるも、千里の志存す。遥欽遠《ようきんえん》慕《ぼ》し、鄙懐《ひかい》何ぞ止まらん。去年《きよねん》勅諭の発せらるるや、郷友志を同じうする者、往々にして京に上

る。輒《すなわ》ち梁翁星嵓《りようおうせいがん》を過《よぎ》り、盛事を伝聞す。亦窃《ひそ》かに愚悃《ぐこん》を致す。是に於て先生報国の志の益《ますます》殷《さか》んなる状を審《つまびら》かにするを得。図らずも梁翁物故し、京畿主人無し。加ふるに臘月の季、廷議幕奏に曲従するを以て、大事既に去る。而して先生の音耗《おんこう》、益《ますます》聞くべからず。矩方復た此の時を以て再び藩獄に投ぜられ、悵恨涯無《ちようこんはてな》し。嗚呼一介の墨使、詭弁縦横、征夷国を挙げて之を聴き、諸侯之に敢て違《たが》ふ無し。九重軫念《ここのえしんねん》したまふ。而して万方を観望するに、天照其れ霊無きか、太陽其れ明無きか。丑寅而還《このかた》（安政六・七年以後の意）、六・七年の間、外交《こもご》も来るの四夷有りて、内海を出ずるの寸板無し。鎖国改むと雖も、徒らに已む無きに迫まる。雄略未だ建たず、猶お故常に拘はる。幕議此《かく》の如し。諸侯の謀知るべきのみ。然らば則ち神州已んぬるかな。夫れ時務を知るを俊傑と為す。俊傑は得難く、時務は筆にし難し。世に孔子無くんば、誰か狂簡を裁せん。世に漢高（漢の高祖）無くんば、誰か将を将として傑を用ひん。猶お幸ひに時務を知ること、先生の如き者有り。先生の如きは当今の俊傑なり。座下に趨就《すうしゆう》して、窃《ひそ》かに開発を求めんと欲す。而して両地（松代と萩）隔絶し、各《おのおの》網羅に係《かか》る。生れて此の世に在り、何を楽しみて何に頼らん。先生願はくは憐《あわれみ》を垂れたまへ。高杉暢《ちよう》夫《ふ》は、僕より少《わか》きこと十年。学問未だ充たず、経歴も亦た浅し。然れども強質精識、凡倫《ぼんりん》に卓越す。常に僕を視て師と為す。而して僕も亦之を重んじて兄《けい》と為す。頃《さきごろ》江戸に遊学し、将《まさ》に藩の充《ゆるし》を乞ひて、益《ますます》東北を究めんとす。想ふに必ず先生を以て帰《き》と為すなり。先生若し未だ僕を棄てずんば、願はくば僕に語る者を以て此の生に語れ。啻《ただ》に此の生の欣幸《きんこう》なるのみならず、実に矩方の欣幸何を以てか尚《くわ》へん。矩方も亦已に立年《りゅうねん》、復た昔日の少年に非ず。而して粗狂日に益し、俗吏と交はれば、則ち俗吏と触《あた》り、志士と交れば、則ち志士と触る。茫々たる八洲《はっしゅう》、丈軀措くところ無く、駆は諸《これ》を岸獄《がんごく》に納む。身《しん》は繋ぐべきも、狂は繋ぐべからず。触忤《しょくご》の人に於ける、加有りて減無し。切に恐る一朝の獄死、丈夫の死所に非ず。時務を知る者に非んば、孰か能く此に與《く》みせん。伏して願はくば先生教を垂れよ。矩方謹んで再拝して白す四月　念《にじゅう》　五日。

幕府諸侯何処《いずこ》にか惜むべき。神州の恢復《かいふく》復た何処より手を下さん。丈夫の死所何処か最も当れる。

第四二話　高杉晋作と豪談

高杉晋作がいろいろの故障で旅行に出かけられない中に、松陰は江戸に護送され、安政六年（一八五九）の十月二十七日にむなしく武蔵野《むさしの》の露と消えた。象山は、「義卿は余りに事業をあせり過ぎた為に此の厄を招いた」と言って哀惜《あいせき》の涙を濺《そそ》いだという。もし松陰の立場に立って弁ずれば、彼は「時の終り」という意識をもって行動していたのであろう。

晋作が象山を訪れたのは翌万延元年（一八六〇）の九月二十一日であった。松陰の遺書ともいうべききさきの文章を読んで、象山はどのような思いにうたれたであろうか。そして象山と晋作の二人はいったいどのような話をしたのであろうか。残っているのは「廿二日の夜の九ッ時（午後十時）前から廿三日の暁六ッ時迄夜を徹して豪談したり」という晋作の日譜だけである。幕府を見限っている晋作と、幕府の強化を通して国家の独立を考えていた象山の間には考え方の上で大きな差異があり、根本的な一致は不可能であったろうと思われる。そして組織的な頭脳のもちぬし象山と、直観的な閃《ひらめ》きを得意とする晋作では頭脳のはたらきが違うので、噛み合わないところがあったのではなかろうか。晋作が「横井中々英物有一無二之士と奉存候」と言っているのはなんとなくわかる。二人は発想のリズムの上でどこか共通性がある。しかも熊沢蕃山《くまざわばんざん》の『集義和書』を心読している点で共通性もある。それはともかく象山は諄々《じゅんじゅん》と晋作に説いて聞かせた。「余も天下多数の志士と往来し、交際もしたが、佐久間先生程儼然《げんぜん》として威儀正しく自然対手を圧迫するの概あり、其説く所諄々として倦むことを知らざるもの丶如く而も其内藹然《あいぜん》たる温情の籠れるを覚ゆる等他《ほか》には未だ斯の如き人に遇うたことがない」（山根正次が伊藤博文《いとうひろぶみ》・井上馨《いのうえかおる》・品川弥二郎《しながわやじろう》等からこの象山・東行対談について聞いた記録。宮本仲『佐久間象山』、三三四頁）。これは傲岸不屈と称された象山の他の側面であると思う。自分と信頼関係にある人に対しては象山はこのような態度をとったようである。多くの弟子の象山についての証言はほぼこれに一致する。

高杉晋作との対談について私の書いたことは、引用のことば以外は私の推測であって確かな証拠はない。この推測が当ってもし二人の見解に多少の差異はあったとしても、この時点ではまだ絶対相容れないということはない。尊王と国家の独立の確保という共通点を二人はもっていたし、二人の相違はこの目的を実現するためのアプローチの相違ということで済むところがあったのではないかと思う。しかし象山の暗殺された元治元年（一八六四）ではどうだったろうか。文久三年（一八六三）の京都での敗北を通過した長州はじめ全国の尊攘派は幕府に対しても、またそれを扶けて国家の独立を保とうとする人々に対しても絶対恕さないという頑《かたくな》な気持を強くもっていたし、幕府の方でも慶喜は松平春嶽と違って幕府本位の立場で幕府の強化をはかって国政を施行しようとする動きを示し、両者の間にはもはや妥協点を見出すことは困難だったのである。九年も蟄居の生活をつづけた象山は、時代のこのはげしい変化がわからなかった。松代の隠棲《いんせい》の期間に多くのオランダ語で書かれ、もしくはオランダ語に翻訳された兵書を読んだ象山は、一方では自己の知識・見識について絶大の自信をもつとともに、他方では現実の日本政府であり、そして京都の世界の大勢を知らない公卿たちよりも政治の経験や能力においてすぐれる武士たちから成る幕府の強化を通じて国家の独立をはかるという考えをますます固め、国家秩序の維持と強化の方に大きく傾いたからである。そのような秩序への志向は、朱子学者として大塩平八郎を批判した時からずっとあったのが、今やそれが新しい政治の文脈において自覚されて来た。それを示すのが文久二年九月の「時事を痛論したる幕府へ上書稿」というかたちで残された上書である。この点からいえば、開国論者象山のことは知っていても国家秩序の維持と強化への志向をもつ象山の側面を知らずに、兵学者としての知識と見識の面からのみ象山を捉えて、文久二年の十二月に象山を自藩に招聘しようとした長州藩（山県半蔵《やまがたはんぞう》・久坂玄瑞《くさかげんずい》・福原乙之進《ふくはらおとのしん》がその交渉者）も土佐藩（中岡慎太郎《なかおかしんたろう》・衣斐小平・原四郎《はらしろう》が交渉に当る）、とくに長州藩の場合は見当違いだったかも知れない。

この文久二年の上書のことは次の節にまわして万延元年、文久元年の象山について述べると、万延元年につくった「桜賦」という古体の桜を歌った賦が孝明天皇の御覧にあずかるという光栄に浴したこと、文久元年には彼の代表的散文「力士雷電之碑」が書かれたことを見ると、彼の日常生活は比較的平穏であったということができよう。しかし外界は、万延元年三月三日の井伊直弼の殺害より幕末の政治的大変動が始まっていた。

文久元年の八月七日、母まんがなくなった。享年《きようねん》八十七歳。蟄居中の象山はみずから葬礼を行うことを許されず、「葬礼私説」（和文）をつくって母を悼《いた》んだ。

第四三話　象山の開国論とその方針

文久二年（一八六二）の象山の上書は、一面においてはこれまで科学技術を基にして国防の問題を論じていた彼が、⑴貿易理財、⑵物産、⑶それを可能にする力学・器楽を通じての人的能力の向上、というような社会的問題への開眼を示し、開国的攘夷論から文字通りの開国論へとその立場を進めた点において重要な意味をもつとともに、他面においては文久の改革に刺戟されて、それへの批判として国家の権威化・秩序化さらには保守化を強化する方向の思惟を示した点において画期的意味をもつ。

文化二年には江戸においてはそれなりの政治改革が始まっていた。政事総裁職松平春嶽の下、そのブレーンであった横井小楠の献言――(1)参勤交代の制の廃止、(2)定府の諸侯室家の帰国、(3)人材の登庸、(4)言路の洞開、の四箇条が採用され、諸藩の財政改革、ひいては人民の税負担の軽減、諸藩の国防費の充実がはかられた。幕府中心主義的政策が反省され、国を挙げて協力して国家的危機を乗り越えようというものであった。そして幕府は政治改革についての考えを腹蔵《ふくぞう》なく申立てるよう諸藩に通達した。そのような状況の下で象山の上書が書かれたのである。

説明の順序として、象山の経世策の方から始める。これまでの本書の叙述から明らかなように、象山の経世策は具体的にはあまり展開していない。象山が松代藩の下手三ヶ村利用掛の職にあった時の「輶野日記」などは、彼の経世策の一端を示すものであったが、利用掛の職の失敗以来、彼の関心は国防問題に集中されて、開国を言うようになってからもこの問題は兵学的観点から捉えられていたが、ようやく安政三年になって、工作所と物産のことが論ぜられ始めていた。それはピョートル像の変化を通じて示される。天保十三年（一八四二）のピョートルは、オランダから諸芸に長じたものを雇《やと》って、ロシア人たちに習わせた帝王であったが、安政三年（一八五六）のピョートルは「ひろく人を選んで外国へ出し、その長ずるところの諸術を学ばせ、まさにその形勢時情を探索し、また多く外国の名士を招引し、襟胸をひらいて御優待これあり、本邦になきところの芸術の師として、さかんに諸学科を興し、城制を変じ、遊民を禁じ、刑罰を省き、器械学をさかんにし、工作場をひらき、大艦を多くし、航海商法を復」するようなピョートル像に成長している。ピョートルについての知識が正確になっただけでなく、軍事技術への関心に止《とど》まらない生産と貿易という観点が取られ始めている（この問題については信夫清三郎氏の『象山と松陰——開国と攘夷の論理』、河出書房新社、参照）。ところで文久二年の上書では、もはや軍事技術とは関係なく、技術と生産・貿易との関係が日本の国力充実の方法として論ぜられ始めている。幕末当時の思想的文脈で言えば、これまで強兵論の範囲にとどまっていた象山が、富国論を問題にし始めたと言うことができよう。興味深いのは、象山が貿易・理財について論ずる時、自分はこの道を修業していないのだが、と断わりながら「洪範の八政、食・貨を一、二に列し、周礼《しゅらい》天官の職、九職を以て万民に任じ、商賈、阜《おお》いに貨財を通ずるを以て、一職の務を為し候事に候へば、貨財の義は、先王の政事、食は次で被レ重候事、兼て心得罷在候」と、書経や周礼に拠りながら貿易・理財のことを論じていることである。当時はすでに神田孝平《かんだたかひら》の『農商弁《のうしょうべん》』のように、西洋の近代経済学の立場に立って経世策を立てているものも出始めて時代の転換が起こりつつあることを感じさせる。しかし儒教の古典に拠りながら、西欧の衝撃に対抗しようとしたのは、ひとり象山だけでなく、横井小楠もそうであった。彼らにおいて儒教は生きていた。その読み替えを通じて時代の新しい課題を説こうとした世代があったこと、そして彼らが幕末の思想史の主役であったことをわれわれは忘れてはならない。それとともに経世の問題を考えるとき、象山も小楠も基本的には朱子学の立場に立ちながら共に書経や周礼（小楠の場合は主として書経）等の古典に帰って、そこに解決の手がかりを得ていることも注目すべきことであろう。

象山はここではっきり開国論をとる。しかし生産や貿易で得た利潤は、国防費や外交費にあてるというのであるから、産業構造や社会構造の転換を考えているのではない。とはいえ象山は対外観の上で一つの転換を示している。彼はこれまで「夷」と呼んでいた外国の「称呼《しようこ》」を「蕃《ばん》」と変えよ、と言う。蕃はシゲルという意であるから、「夷狄」や「蛮貉《ばんかく》」と違って「外蕃」は文明をもつ外国人ということばになろうか。外蕃お取扱いは賓礼《ひんれい》に属し、賓礼は五礼の一つだから外蕃は叮重《ていちよう》に迎えねばならない、と象山は言う。

「称呼」のほかに象山が外交関係において重要だとしているのは「辞命《じめい》」である。辞命は外交使節のことばづかいや応対ぶりのことであり、ペリーやハリスとの日本代表の「辞命」に象山は非常な不満をもっていた。

ここに見られるように象山は開国論者になり、生産貿易の問題にまで視野を拡げたが、文明をもつライバルとして西欧諸国と交際しようというのであって、横井小楠のような「四海同胞《しかいどうほう》」という理想主義はそこには見られない。

第四四話　横井小楠の幕政改革を批判

この文久二年（一八六二）の上書で最も注目すべきものは、象山が小楠の提唱によって成立した文久の幕政改革に異を唱えて自己の国家論について述べている部分である。二人は年齢も近く、儒教を基盤にしてそれを読み変え、幕末の変動期において思想家として指導的役割を果たし、そしていずれも暗殺されたという点において共通性をもっているが、思想の性格やパーソナリティはまったく違っていた。象山が形を主として考えるなら小楠は心法主義者、前者が組織的頭脳のもちぬしとすれば後者は閃《ひらめ》きを主として物事の本質に直観的に迫るタイプ。これについては徳富蘇峰《とくとみそほう》は肯綮《こうけい》に当ったことを言っている。「人心作用の微妙を察し、談笑して天下の紛難を解くは横井或は之を能くせむ。事物先後の経綸《けいりん》を定め、解剖学者が刀痕の触るる所、人体自《おのず》から解剖せらるるが如きに至りては、是れ佐久間の勝場《しょうじょう》と謂はざる可らず……横井の胸襟は光風の如く、佐久間の頭脳は精鉄の如し……横井の眼は専人に注ぎ、佐久間の眼は専ら物に注ぐ。其空言《くうげん》を賤んで事実を重とするは、則ち其趣を同ふせずんばあらず」（『吉田松陰』）。

象山は文久の幕政改革の何が気に入らなかったか。それはこの改革が「小さい政府」の創設をめざしたものであったからだ。象山のような、政治権力の維持には支配者と被支配者との間の「距離」が保障されるような体制をつくることが必要であると考えている人からすれば、この「小さい政府」案はとんでもない考え違いにほかならなかった。象山は、近来御大政の大変革で、諸大名のお供連れの人数がことの外に減って、老中様方のご登城の折もわずか三騎か五騎のお伴で、槍道具ももっていない、ということを聞いて、最初はまちがったニュースだろうと思っていたが、再三同様のことを聞くと、やはりこれは本当らしい、という書出しで、「おのづから上下尊卑の等級と申すもの」があるから、老中が平士同様のことをするのは絶対にやめて欲しい。このような改革案は、アメリカやヨーロッパの大統領や執政《しっせい》、日本にやって来た公使などのことを見聞し、それに示唆《しさ》を受けてやったものだろうが「皇国と外蕃とは御国体」が違う。西欧では、農工・商賈《しょうこ》・舟子・漁師・獣医・傭夫《ようふ》（人夫のこと）の子どもであっても、その才能・学術がひときわすぐれている場合は、ミニストルにも、執政にも、大統領にもなれる。しかしその職をやめると、出身地の庶民の生活に復する。その職にいる時のお供はみなその国の下級官吏で、家事を整える奴隷はごく僅かである。だから私用の外出には、そのごく僅かの奴隷のうちからいくらかを選んで従者に召し連れていくことになる。これは西欧諸国の国体・政体の然らしめるところでやむを得ない。

それに対して「皇国当今の御形勢は、全く漢土三代封建の制と同様」であって、政治を執る人は諸侯であり、諸侯には石高《こくだか》にふさわしい家来、規定通りの軍役もあり、これを勤めるのは政治を執る人の本分である。このような日本の国体（国柄）にふさわしいように政体を正して欲しい、彼はこう言って「貴賤尊卑の等は、天地自然・礼の大経《たいけい》に有レ之」と断定する。そしてこのような考えに基いて、服色の制度を正し、官僚の役名を典雅《てんが》なものに改めるべきことを提案する。

確かにこれは一つの批判ではあった。しかし彼は、彼の尊敬してやまない主君真田幸貫がかつてこの大名行列の簡素化を断行したことを忘れていたのだろうか。象山には徳川幕藩体制や封建制についての疑いはまったくなかった。それは「漢土三代封建の制と同様」の理想的体制である。この上書を書くことによって、この体制を強化し、その体制の下で科学技術の振興に基づく富国・強兵の道を歩くという決意はますます強くなったのではないかと思われる。

ところで象山に対して国家の秩序強化への自覚を促した横井小楠は幕藩体制の問題をどう考えていたか。彼も象山同様公武合体論者であったけれども、その根本にあるのは、幕府はその創設以来「徳川御一家の基業盛大固定に心志を尽して曽て天下生霊を以て念とする事なし」（『国是三論』）と考えていた。小楠も亦「三代」ということを言う。しかし小楠のいう「三代」は徳川の幕藩体制と一致する三代ではなく、「政教悉く倫理によつて生民の為にする」（同上）理想的時代であった。このような「三代」であるから、それは幕藩体制批判の原点となり得る衝撃力をもっていた。たとえば三代の聖人たちは世襲政治ではなく、最も有徳にして賢明なる者に帝位を譲るというルールを作ったし（堯から舜）、聖人の一人である禹は洪水を治めるために「手足たこを生ずる程に自ら働」いた帝王であった。このような三代観に立つ小楠は、共和政治を樹立し、平和の道を歩いた人としてワシントンを模範的人物とするというようにピョートルを模範的人物とする象山とは異なった近代化の道を模索している。

公論に基く公共の政をめざす国家への道と科学技術を基礎とする強い国家への道の対立がそこにはあった。

第四五話　近代日本への指針

象山はまだ蟄居が解かれる前に中央政治の渦の中に巻きこまれる。文久二年（一八六二）十月、三《さん》条《じょう》実美《さねとみ》・姉小路《あねのこうじ》公知《きんとも》の二人が勅使として江戸に派遣され、攘夷の断行を迫った。もうこの時の幕府にはこれを拒絶する力はない。だからと言って諸外国との通交条約を結んでいる以上、理由もないのに攘夷をすることは国際信義に反する。困りきった幕府はひとまずお受けして、諸大名に対していよいよ攘夷をすることに決したからその策略を申出るように、という通諜《つうちょう》を発する。そして藩主幸教は象山の意見を求める。

象山は、五大洲の二百分の一にも及ばない日本が世界を相手にして勝つための策略は誰にもあり得ないとし、世界諸国の富強の状態を述べ、オランダのような一小国が相手であっても、現在の日本では勝利は覚束ない、として以下のようにその開国論を堂々と進言する。

抑《そもそも》五世界の学術智巧《ちこう》次第に開け、各国の兵力所作《しょさ》此形勢に相成候も実に天運のしからしむる所、皇国独り此天運を奈如《いかが》せさせらるべき。且《かつ》御鎖国の御手段も充分の御国力と御伎倆無御座《ござなく》候ては不レ被レ為レ叶《かなわせられず》、又学術智巧は互に切磋《せっさ》して相長じ候もの故に、始終御鎖国にては御国力御伎倆共竟《つい》に外国に劣らせられ、終に御鎖国も遂げさせられざるに至り可レ申、是本邦当今の御形勢に馴《じゅん》致《ち》候を以ても明《あきらか》に知らるべき儀に御座候。夫《それ》よりは外蕃《がいばん》と礼儀を以て御交通其間に公武御合体被レ為レ在、御共々御励精被レ遊、古代神聖の「おのれを舎て人に従ひ、人に取つて善を為す」の御盛徳被レ為レ渡《わたらせられ》、万国の長ずる筋を被レ為レ集、外国にも追々日本領を被レ為レ開、御国力の御強盛も万国の上に出で、銃砲の御修繕、弾薬の御術業も万国の上に出で、軍艦の数も万国の上に出で、将材異能の士の衆大なるも万国の上に出で、兵卒の錬熟《れんじゆく》も万国の上に出で、城制の堅固なることも万国の上に出で候様被レ為レ至《いたらせられ》候はば、兼ては闚覦《きゆ》の禍心を致二包蔵一候国々も、自然と奉《しよう》二懾畏《いしたてまつり》一御抗拒を待たず、跡を絶ち可レ申、又御徳化を奉レ慕上よりは、貢献を修めて奉二臣服一候も可レ有二御座一候。是も本に反るの説に御座候。尚書にも「力を同じうするは徳を度《はか》り、徳を同じうするは義を量る」とも有レ之、古、司馬法にも「物を見て与《とも》に侔《ひと》しうする、是を両之《りようし》といふ」とも有レ之候。其国力、敵国と侔しきに至らずして、兵を構へ候ては、其徳其義いか様彼れに超過候とも、其志を得候義は決して難二出来一、是乃ち天下の正理・実理・明理・公理に御座候。此道理を以て御見込の義を被二仰立一、天朝・大朝御共々其本に被レ為レ反《かえらせられ》、此切迫の御時節、御過挙不レ被レ為レ在《あらせられず》候様奉レ願度義に奉レ存候。(「内問により文聡公に写したる意見書」『象山全集』巻二、二二〇頁)

この文章は、象山の開鎖の問題についての結論ともいうべきものである。日本の取るべき道は開国以外にない。その理由は二つある。第一は、学術智巧は、互いに切磋琢磨《せっさたくま》して進歩するものであり、鎖国していては国力も技倆も外国に劣るようになり、遂には鎖国も出来なくなる。第二は、その国力が敵国と同等でなくて敵と兵を構えては、自己の徳義がどんなに相手以上であっても、その志を得ることはできない──象山はこれを「天下の正理・実理・明理・公理」と言う──。ここに見られるように、象山の開国論を構成している原理は、第一、主知主義、第二、パワー・ポリティックス、の二者である。今の日本は知的力の点でも、軍事的力においても西欧列強に劣っている。今の日本のなすべきことは、諸外国とは礼儀を以て交わり、そのすぐれている点を学ぶ。そして国内においては公武合体をし、全国が力を合わせて諸外国以上の力をつける、これ以外にない。これをやると日本を征服しようと思っている国々も、自然と日本を怖れるようになり、日本に臣下となって服従するようになる。これにはおまけがついていて、おいおい海外に日本領を開く、という将来の願望がしるされている。

この考えには、後述するように横井小楠の鋭い批判もあったが、それは大きな声とならず、この考えが明治以後の、少くとも日露《にちろ》戦争までの大方の日本人の考え方の原型であり、努力目標であったといえよう。そこには対外侵略に行きかねない思想的弱点があったことは否定できない。しかし、彼我の力を冷静にはかり、相手が攻める気をなくする国防体制や国民の知的力の充実をはかるというのが象山の基本思想であり、国際関係についての考え方としては抑制が利いてまことに先導的なすぐれたものであった。しかしそれはそれとして象山がこの考えに立った時、彼がここから京都の朝廷を説得して開国に向わせ、わからずやの尊攘の志士は排除するという実行プランを引出したことは想像に難くない。

この月、長州藩と土佐藩とがあいついで象山招聘の使節を松代に派遣したことはさきに述べた。攘夷の立場をとる長州藩が開国論者の象山を招くとは奇妙なことだが、藩の近代兵制を確立するにはどうしても象山の力が必要と考えたのであった。この話を象山は断った。

第六章　上洛とその死

第四六話　上洛と新たな使命感

文久二年（一八六二）の十二月二十九日、象山の蟄居は解けた、明けて文久三年の正月二日、象山は登城し、藩主に自分の藩政改革の抱負を述べると共に、藩老たちの無能ぶりを面詰《めんきつ》した。それらは理に当ってはいたが、幕府からの蟄居赦免令はもっと早く藩に届いていたのを、彼らが藩レベルで止めて置いたことへの怒りの感情もその中に籠《こ》められていたために批判は激烈であった。このことは後へ尾を引く。藩の要路に立つ人々は象山の意向を無視し、一旦招聘辞退に決まっていた土佐藩主からの招待に応ずるよう藩主幸教を説得して話を紛糾させた。彼らにすれば厄介者を藩から追い出したいという気持だったのであろう。その後一月十日に象山は藩主に上書して、藩政一般は望月主水、兵政と学政は自分が責任をとって藩政を改革したい旨上申《じょうしん》したが、受けいれられなかった。

三月には藩主に子どもがないためにそれへの対応をどうするか、という藩論を二分させた問題にみずから割りこんで、真田桜山、鎌原貫唯、長谷川昭道らとの確執《かくしつ》をさらに深くした。こうしたところに七月二十六日、京都御所の伝奏飛鳥井大納言《あすかいだいなごん》から、京都の松代藩の京都留守居役に、佐久間修理を召しかかえたいという意向が伝えられた。推薦者は尊攘派の領袖《りょうしゅう》で、当時学習院の徴士《ちょうし》をしていた真木和泉守であった。朝廷の意向は八月十三日に松代の本藩に伝えられた。象山は徴命を受けたと言って心から喜んだが、攘夷論のただ中に出かけるのであるから、一抹《いちまつ》の不安がないでもない。しかし八月二十五日の勝海舟宛の手紙においては「某《それがし》に於ては尚当今に相成候ても西東の御間に就て禍を転じて福と為し、敗を反して功と成し可レ申《もうすべき》策無レ之《これなき》には無二御座一候《ござなく》」と満々たる自信を示している。当時京都の宮中親衛隊に召されていた門弟の久保三郎は、象山がこの攘夷論の沸騰している京都に乗り込んでは危いと引留《ひきとめ》運動を開始する。他方藩の方では、真田桜山、鎌原貫唯はこの徴令を機に象山を藩から放逐しようと考えて、主君をして、象山は学術才略はあるけれども、その人となりに安心できないところがある、もし象山をどうしても徴命しようとお考えなら、藩としては「差上切《さしあげきり》」にしたい、という趣旨の手紙を飛鳥井大納言宛九月七日に出させている。しかし八月十八日の京都の政変で七卿落ちとなり、象山を呼ぼうとした尊攘党の勢力もなくなって、この件は沙汰やみとなる。

十月十日、象山は妻順子を江戸へ返す。何か期するものが象山にあったのであろう。明けて元治元年（一八六四）、象山は数え歳で五十四歳となる。この年三月、象山は将軍家茂《いえもち》から、用があるから至急上京するよう達しを受ける。推薦者は多武峯《とうのみね》の竹林坊棘樹上人《きょくじゅしょうにん》だったというが、幕府内でこの推薦を受けとめたのは一橋慶喜であったらしい。

象山は三月七日、息子恪二郎《かくじろう》を含めて随行者十五名を引きつれて松代を後にする。この時、旧作の「折にあはゞちるもめでたし山桜めづるは花のさかりのみかは」という和歌を示し、自分の心境をこれに托したという。

四月二日京都着、同四日二条城《にじょうじょう》に参候したが、彼を待っていたのは幕府の高官ではなく、御待目付の清水畸太郎《しみずきたろう》で、彼から渡された辞令を見ると二十人扶持、御手当金十五両とあった。象山の内に期するところと幕府の象山に対する処置にはあまりに落差があった（ちなみに安政五年横井小楠が福井藩に賓師として迎えられた時の待遇は五十人扶持であった）。象山は非常な不満を覚え、自分の出処進退のことも考えていたが、山階宮《やましなのみや》・一橋慶喜にあいついで会って知遇《ちぐう》を得、四月十六日には四十人扶持に加増されて機嫌を取直した。そして京都には昔の砲術の弟子の川勝丹波守《かわかつたんばのかみ》も陸軍奉行並となって来ており、お儒者中村敬宇も彼を訪ね、夜を徹し燭《しょく》を継ぎながら絶えることのない談話に非常な感銘を覚えている（『敬宇文集』）。その他さきにしるしたように黒川良安ら訪問の客が引《ひき》も切らず、皆に先生先生と言われて不平も何時《いつ》か消えていく。その代り首をもたげてきたのは自負と大きな使命感で、四月二十八日の姉への手紙では「上下御一致御座なく候ては天下は太平に戻らず申事にて、当節やぶれかかり候天下を再び太平にかへし候道を以て、御所を御開明にいたらせられ候様致し候様に存じられ候事、此節私の大任と申ものに御座候。誠に至ての大任天下の治乱私の一身にかゝり候様に存じられ候」（傍点筆者）と自分の心境を告げている。

象山の策は、山階宮ならびにその弟の中川宮にはたらきかけて、孝明天皇に開港の国是《ぜ》を示す勅諭を発布して貰うことであった。宮本仲『佐久間象山』に載せられている象山の起草の勅諭集を見ると、勅許を待たず日米修好条約を結んだことへの批判も十分に書かれ、これが公表されていたら象山への誤解もかなり解けたのではないかと思わせる。

しかし激派の志士たちがどうしても許すことができなかったのはこれにはしるされていない「彦根遷都論」である。これによって象山討《う》つべしの論は、彼らのあいだには澎湃《ほうはい》と昂まったように思われる。これらの問題については後述しよう。

第四七話 「彦根遷都論」の謎

その頃の京都の情勢を見ると、長州藩は軍使真木和泉守のいわゆる「義挙の策」を容れて、家老福原越後を擁して久坂玄瑞、来島又兵衛《きじまたべえ》、真木和泉守らの率いる長州兵は、長州藩主毛利《もうり》慶親父子ならび五卿（七卿のうち沢宣嘉《さわのぶよし》は生野《いくの》に逃げ、錦小路頼徳《にしきのこうじよりのり》は馬関《ばかん》で死亡）の勅勘《ちよつかん》の恕しを乞うて、京都に近づきつつあった。その前ぶれとして、六月六日、吉田稔麿《よしだとしまろ》や宮部鼎蔵らが池田《いけだ》屋に集まっていたのであるがそこを新撰組《しんせんぐみ》に襲撃されて殺害された。この時の志士たちのターゲットは中川宮と松平容保《まつだいらかたもり》であり、象山の名はまだ見られない。

その後長州藩兵らが伏見《ふしみ》、天龍寺、天王山に近づいた時、在京の公卿たちには彼らに同情的な者がかなり多く、正親町三条実愛《おおぎまちさんじょうさねなる》のごときは、長藩父子の罪を恕し、かつ長州軍の入洛を許すべしと建言し、朝議も一時その建言に賛成したほどであった。これに対して頑として反対したのが一橋慶喜である。彼は、長州藩の行動は嘆願と称しながらその実脅迫である。もしこの不誠意きわまる行動を許すならば、何によって朝威を保つことができようか。断乎《だんこ》として退去を命ずべきである。もし朝廷でこの説を容れないのであれば、自分は会津《あいづ》・桑名《くわな》藩主とともにその職を辞する、と言う。

このような状況の中で象山は頻りに山階宮、中川宮、ならびに会津藩の広沢富次郎、山本覚馬（のちの京都府府会議長、新島襄《にいじまじょう》の岳父）らと画策して孝明天皇の彦根遷都を図るのである。京都が戦場になった場合、天皇の身の安全をはかるためであったとされている。

ところでここでの象山の行動については二つの疑問がある。第一は、象山と慶喜との間に話し合いがあって、その上でこのような象山の行動がなされたのかどうか、ということである。第二は、慶喜の考えは幕府の責任者としての立場からの発想であるが、象山の場合は、基本的には開国の立場からの発想と言ってよかろう。しかしその場合、開国の論理とプロ・幕府の立場との異質性については何らかの疑問が象山の内面にあったかどうか、ということである。第一の点については、象山の日記を見ると、象山は六月六日以後慶喜に一度も会っていないので、彦根遷都は象山自身や会津藩士広沢や山本らの発想に拠ると考えてもよいのではなかろうか。第二の点は、開国の論理とプロ・幕府の立場とは、象山の場合は別ちがたく結びついていたのではないかと思われる。私がそのように類推するのは、象山が先代の幸貫とともに海防の問題に積極的に立ち向って、しかも幸貫の老中就任とともに幕府と藩との対立という意識が彼の場合にはほとんどなかったと思われること（松浦玲氏もほぼこのような見解をとっておられる）、さらに長州藩の攘夷論は絶対に動かしがたいという固定観念を象山がもっていて、その前提の下にこの彦根遷都の発想がなされていることを考えると、開国論とプロ・幕府の立場の一体化が象山の中でなされていたと考えざるを得ない。開国論の立場に立って長州藩を説得しようと思うならば、彦根遷都のことは考えず、天皇の考えを開国に変えることに絞って行動すべきではなかったか。尊攘家たちは天皇について「玉を奪う」という考えをもっていたが、この時の象山の考えもこれと同じ次元の論理に立脚した考えで、肝腎の天皇の考え、意思はまったく不問に附されている。このような尊攘の志士たちと同じ「政治」の立場に立つなら、象山が彼らからねらわれたのはやむを得ない。

島津久光《ひさみつ》は元治元年四月十八日帰国に際して高崎正風《たかさきまさかぜ》を介して、象山に頻りに帰国を勧めたという。また多くの人々が、彼が西洋鞍をつけて京都の街を馬上で闊歩《かっぽ》するのを止めたという。しかし象山は頑として聞かなかった。この年の六月十八日、松代にいた妾のお蝶に出した手紙には、彼は人が心配と思うことはちっとも心配にならず、人のこころつかぬ所に心配が多くて困まると言いながら、次のようなことをしるしている。

此方の論は感応院様御さかんの頃より三十年近く一すぢにまもり居候事にて、今始まり候事にてはなく候。日本国中の御為の末長くはかり候見込故に、其見込を改め候様の事には成り申さず、三十年も其事に骨を折り九年の御とがめを受け候ても其せつを替へ申さず、おそれ乍ら　天皇様の御為をも公方様の御ためをも深く存じ候上の事にて、其事は志あるものは大てい皆知る所に候故、色々申候もの有之候ても天道と申もの有之候へば、先は此方へ手むかひ致候事はあるまじくと安心致し候。もし〳〵此方の身にわざはひにても受け候事有之候はゞ、日本はもはや大らんと存じ申すべく候。甚ぶんに過候事を申様に候へども当節の議論日本国中の命脈は此方に有之《これあり》と存候。この御国と存亡を共に致し候れうけん故に、人々いろいろ申候てもさらにおそれ候事はなく、心中いつもやすらかに存候。是はこれ迄のしゆげふの功と存じ申すべく候。……

出発の際の和歌と言い、この手紙といい、象山は死を覚悟して勇気凛々《りんりん》である。

第四八話　開国の勅諭案

象山が天道を信じて京都の街を傍若無人《ぼうじやくぶじん》に洋鞍をつけて闊歩していた時、象山討つべしの声は志士たちの間に昂まり、七月十日には「列藩有志中」という名前で、象山の彦根遷都運動を弾劾《だんがい》する檄《げき》文が、錦小路、高辻その他の公卿の邸宅に投ぜられた。さらにまた長州藩士浜忠太郎《はまちゅうたろう》（真木和泉守の変名）・入江九一の名を以て次のような檄文がくばられた。

「勅を要請し奉り神州祇護《ぎご》の鳳輦を不奉憚《はばかりたてまつらず》、魑巣魅窟《ちそうみくつ》の彦根を撰《えらび》移蹕《いひつ》（天子の車を移す）の姦を相企候次第、実以　祖宗神明の本殛《ほんきよく》（徹底的に刑罰を加える）する処、普天率土の必誅する処、其自斃る、は可数日而待《ひをかぞえてまつべし》と雖も一日置　之《これをおく》は一日の害と相成候」。象山の彦根遷都の運動や開国の詔勅の渙《かん》発《ぱつ》の企てはすべて激派のグループに洩れていた。そして筆者が果して真木和泉守や入江九一であるかどうか確かなことは分らないが、もし事実とすれば前者はかつて象山の門を叩き象山を長州藩に呼ぼうとした人、後者は松陰の愛弟子であり、政治の世界の厳しさを感ぜざるを得ない。

七月十一日朝、象山は山階宮邸へ伺候《しこう》、世界地図をおめにかけるという名目で、孝明天皇が開港の国是を宣言される勅諭案を持参したと伝えられている。しかし前日の真木和泉守や入江九一の檄文ではすでにその勅諭案について言及してあるから、この時初めて勅諭案を持参したとは考えにくい。それはそれとしてこの勅諭案をしるそう。

勅諭の御大意大略如㆑此にも有㆓御座㆒度哉に奉㆑存乍㆑恐起草仕候所如㆑左

鎖港の法徳川氏一代の籌策《ちゆうさく》に出づると雖も既に奏聞を経て定むる所なり。然して後二百余年遂に一と度外蕃の軽侮を受けず、本邦の羞恥を貽《のこ》さず、其偉蹟《いせき》たる嘉奨《かしよう》すべきに足れり。朕が身に及び嘉永癸丑《きちゆう》幕府亜国の請ふ所を拒む事能はず、恣《ほしいまま》に先代奏聞《そうもん》を経て定むる所の国法を改め、かれと好《よし》みを通ずるに至て事果《はて》て後に奏聞す、是れ朕の竊《ひそか》に痛憤する所なり。其後一二歳ならずして亜国又蒸気船所用の石炭を置くべき地を借らむことを請ふ。幕府又これを許して下田箱館二個所の條約を成すも亦事果て然る後に奏聞す、これ朕の更に深く痛憤する所なり。又三年を出でず亜国本邦全州開港の事を請ひ且ミニストルを置くべき地を借らんことを望む。ミニストルを置くの地に至ては其構の内自国の法を奉じて本邦官府の制度を受けずと云へり。斯ては邦域の内王土王臣のあらざるものあるに非ずや。実に開闢《かいびやく》以来の大変革といふべし。然るを幕府又その望む所を許して然る後に奏聞す、是朕の尤も深く痛憤して堀田□□を輦下《れんか》に徴し勅旨を降せし所以なり。然るに□□陽に其勅旨を奉じて陰に彼れの条約に調印せしむ。これに嗣《つぎ》て姦吏意を逞して忠《ちゆう》讜《とう》を黜《しりぞ》け、外蕃の賂《まいない》を納《い》れ江府第一の要害たる殿山《てんざん》の地を借し与ふるに至る。是をしも忍ぶべくは何れをか忍ぶべからざらん。是朕が詔旨《しようし》を有志の列侯に降して鎖港の法を復し掃攘《そうじよう》の功を速かにせんことを冀《こいねが》ひし所以なり。然るに今大樹世を嗣ぐに及で深く従前の過失を悔ひ（ママ）、能く朕が意を奉遵《ほうじゆん》し、姦吏を祛《しりぞ》け忠讜を用ひ、弊を改め害を除きまさに天下の兵備を修繕して飫《あ》くまで武官の職掌を尽さんとす。これ朕が積年の痛憤を舒《の（べ）》へて更に依頼の眷念《けんねん》を敦くするに足れり。於是つらく惟《おもんみ》るに当時外蕃講明する所の学術、本邦未だ講明せざるもの多く、外蕃備具する所の砲船、本邦未だ備具するに至らず、外蕃改築《ちく》して堅牢を極むる所の城制、本邦未だ其堅牢を極むる所以を知らず。これ宜く反省顧慮して疎虞《そぐ》あらしむ可《べか》らざるべし。古司馬法にも物を見て与《とも》に侔《ひとし》うする謂二之両之一《これをりようしという》といひ、孫武が兵法にも多レ算《さんをおおくする》は勝ち少レ算は不レ勝といひ、周書にも力を同うする徳を度り徳を同する義を量るといへり。今彼《ひ》我の勢を詳《つまびらか》にせず猥《みだ》りに兵を構ふるが如きは満清近く殷鑑《いんかん》あり（アヘン戦争のことをさす）、戒めざるべけんや。宜猛省奮抜《よろしくもうせいふんばつ》して学術技能国力兵備総て外蕃の上に駕出《がしゅつ》すべきの本《もと》を務むべし。但一二の藩に在て、利を舎《す》て義を取り、戦争を開て天下の人心を一《いつ》にし、大艦巨砲は且戦ひ且備ふべしといふ議を主張し、浪士の徒之れに附《ふ》和《わ》するもの多く所在《いたるところ》に黨を集め群を成すを聞けり。専ら心を戦争に決して、本邦の正義を鼓舞せんことを欲するは烈士の志《こころざし》取るべきに似たり。抑亦兵は国の大事死生存亡の係る所といはずや。其算なくして猥りにこれを動さば宗社生霊を何れの地に置かんとするか。朕竊《ひそか》に疑ひ思召す所なり、故に今これを蓍筮《しぜい》（筮竹のこと）に命じ天つ神の御心を問ひ奉り然る後に事に従はんとす。嗣《つぎ》て当《まさ》に其得る所の占兆《うらかた》を挙て高議裁度《たく》し是を建定《てい》せしむべし。其間爾《に》列侯以下浪士の輩に至る迄能く朕が意を体認し、謹飭《きんちょく》に鎮靖《ちんせい》して軽忽《けいこつ》の挙あるべからず。党与を集め一方に拠るべからず。若此詔に遵《したが》はざるものあらば即ち乱逆の徒なり。刑憲の存する所朕決して赦さず、速に幕府及び列藩に勅し誅滅《ちゅうめつ》して後にやまむ。普《あまね》く遐邇《かじ》（遠近）に布告し咸《ことごと》く聞知《ぶんち》せしむること斯の如し（『象山全集』巻二、上書二五〇―二五二頁）。

第四九話　象山暗殺

この勅諭案の前半の部分を見ると、象山の開国論への思想の遍歴の過程や開国論の論理的裏づけがよくわかる。和親条約や修好条約に対する反応は激派の志士たちと共通するものがあるから、もし幕府や会津藩などの政治勢力との関係がない立場であったら話合いの余地はいくらかあったかもしれない。ここでもし象山が発想を変えて、孝明天皇を奉じて彦根に移るというようなことを考えずに、山階宮や中川宮を通じて攘夷・公武合体の立場の孝明天皇に謁見の機会をつくってもらい、開国論の説得を試みたらどうなったか、ということも空想したくなる。もちろん身分的にそれは許されないことであったが、山階官や中川宮による孝明天皇への説得はどうなっていたのだろうか。天皇不在で、天皇の勅諭を自分たちの立場に都合のいいようにつくって自己の立場を正当化する点では、尊攘派の人々も象山も同じであった。

象山がもし政治の立場に立って行動するのであったら、一橋慶喜との話合を煮つめ、その異同を明らかにしながら、幕府本位ではなく、日本全体の立場での開国・公武合体の立場であることを天下に明らかにした上で京都の武備を固め、長州藩との話合いをやるべきではなかったか。少くとも彦根遷都は考えるべきではなかったのではないか。もし彦根遷都ということをどうしてもやる必要があるなら、小御所《こごしょ》会議に至るまでの岩倉具視のように密室政治で隠密裡《おんみつり》に事を進めるほか、当時の京都では成功の可能性はなかったように思える。しかしそのようなことは、天日の下、白昼堂々と事をおこなうことを自分の主義としている象山のよしとするところではなかった。学術の公開性を主張する象山の美質がこのような政治運動の面では裏目に出たというべきだろう。その点、勝海舟が象山は学者であって実際家ではない、と『海舟座談』で批評しているのは当っていると思う。しかし当の象山は自分がやらなければ日本は亡びる、という自信と使命感をもっていた。彼の性格と運命はわかちがたい関係をもっていたように思える。

七月十一日朝、象山は山階宮を訪ねる。宮はすでに参内《さんだい》しておられて会えない。執事と一時間ほど話して同邸を辞去した。その後松代藩の本陣に門人の蟻川賢之助・三沢刑部丞を訪ねたが両人とも不在であった。供頭の塚田五左衛門には地図をもたせて先に帰宅させ、銃手として連れてきた塚口義二(次)郎は風邪《かぜぎみ》気味なので槍持(草履取)の乙吉を附添わせ、ゆっくり帰るよう指示し、口取りの半平だけがつき従って象山は例の如く洋鞍に乗り、馬上で三条上ル木屋町通りに差しかかった。その時、そこに待ち伏せた刺客に暗殺された。真夏の午後五時すぎで日射しはまだ強かった。あっという間の出来事だった。馬上で通り抜ける象山を斬《き》ろうとするので後ろ疵《きず》もかなりあったというが、象山は全部で十三箇所の痛手を負って即死を遂げた。象山時に五十四歳。刺客は肥後の河上彦斎《かわかみげんさい》、長州浪士杉浦虎太郎(『防長回天史』には松浦虎次郎とある)であったとも、彦斎と因州の前田伊右衛門であった(彦斎の弟子であった松山守善の『河上彦斎』・荒木精之『河上彦斎』に拠る)ともあり、少くとも彦斎がその一人であったことは確実である。彦斎は「人斬り彦斎」と知られる肥後藩ののちの神風連《じんぷうれん》につながる人脈の激派の志士で、のちに高田源兵衛と称した。さきの荒木著からの孫引きであるが、太田天亮の『河上彦斎言行録』によると、彦斎のことばとして次のようなことがしるされている。「余人を斬る、なほ木偶人を斬るがごとく、かつて意に留めず。しかるに象山を斬るの時において、はじめて人を斬るのを思ひをなし、余をして毛髪の逆堅《さかだ》てに堪へざらしむ。是れ彼が絶代の豪傑なると、余の命脈すでに罄《つ》くの兆にあらさるなきを得んや。今より断然この不祥的の所行を改めて、まさに象山を以てその手を収めんのみ」と。そしてこれ以後人を殺すことはなかったとされている。

しかしいったい誰が彦斎を指嗾して象山を斬らせたか。これについては桂小五郎《かつらこごろう》すなわちのちの木《き》戸《ど》孝允《たかよし》という説もあれば、久坂玄瑞という説もある。また当日、三条大橋に掲げられた次の如き榜書から誰か松代藩の者がこの事件に関係しているという説もある。

佐久間修理

此者元来西洋学を唱《とな》ひ、交易開港の説を主張し、枢機之方へ立入、御国是を誤候大罪難㆓捨置㆒候処、剰《あまつさ》へ奸賊会津彦根二藩に与同し、中川宮と事を謀り、恐多くも九重《ここのえ》御動座《ごどうざ》彦根城へ奉移候儀を企《くわだて》、昨今頻《しきり》に其機会を窺候、大逆無道不㆑可㆑容㆓天地㆒国賊に付、即今日於㆓三条木屋町㆒加㆓天誅㆒畢。但斬首可㆑懸㆓梟木《きょうぼくにかくべき》㆒之処、白昼不㆑能㆓其儀㆒もの也。

元治元年七月十一日　皇国忠義士

この榜書の「西洋学を唱ひ」の表記は関西の者のことばではあり得ないし、松代地方の者によくある表現法でしかも筆蹟などの点からも、長谷川昭道が長州人と交わって内通したのではないか、という説（山寺常山）などがある。これについては小西謙《こにしけん》氏の反論『佐久間象山と長谷川昭道』がある。歴史の真相はわからないが、彦斎は当時長州藩の部隊に所属していたのであるから、直接には長州藩の誰かの指嗾を受けたものと思われる。

象山の死後一ヶ月、長州軍は英米仏蘭の連合艦隊に馬関に敗れ、開国の止むを得ざることを自覚して、幕末の政局はここに大きな転換を遂げた。

第五〇話　佐久間家断絶

象山の遺骸は七月十三日、妙心寺塔頭《たっちゅう》の大法院に葬られた。法号を清光院仁啓守心居士という。大法院は真田家ゆかりの寺である。

七月十四日、松代藩では武士たる者が後ろ疵を負うというのはこの上ない不覚であると言って、次のように知行・屋敷地を共に没収し、一子恪二郎には蟄居を命じた。

亡　佐久間修理親類

佐久間修理此度被致切害候始末重々不応思召候に付御知行並屋敷地共被召上之。

象山の親類や門弟たちは、恪二郎に家を継がせるよう歎願したが、藩当局はこれを認めなかった。当局の態度が冷たかったのは、長い間の象山と要路者との確執、とくに象山が蟄居を解かれた後の象山の痛烈な批判と、象山の勅諭案とそれに伴う彦根遷都論への反感、とが入り交っていたからである。藩の空気は、前藩主幸貫と象山とが手を取りあって、幕府とそして日本全体の国防体制を変えようと意気ごんでいた時代から一変していた。かつての親藩意識は薄れ、長谷川昭道らのリードもあって、藩の空気としてはむしろ尊攘運動の方に同情をもち、六月二十七日に象山が御所の警衛の任務を帯びて大津に来た藩主幸教以下に、彦根遷都への協力として天皇の琵琶湖《びわこ》御渡航の警衛を頼んだ時もにべもなくこれを断わっている。開国という線での国家統一、そしてそのための公武合体、という象山の考えは、「天子を挟《さしはさ》み而諸侯の力を抑へ幕府を佐けて天下に令せん」（真田貫道＝桜山『一誠斎紀実』）とするものととられてしまったのである。社会全体の眼に見えない世論の動きを感知し、それに対応することは象山の最も不得意とするところであった。自分の構築した論理に従って生きるのが象山の生活の原理であった象山は自己の生活の原理に従って生きそして死んだというべきであろう。

　象山の死後一子恪二郎は身を容るるところがないという状況に追いこまれていた。一時は帰郷して剣術の修業をした上で仇討《あだうち》をしようと思ったが、山本覚馬に京都の地に止まって敵討をせよと勧められ、お預りの身分であるにもかかわらず脱走して、新撰組の近藤勇《こんどういさみ》の許に身を寄せた。副隊長土方歳《ひじかたとし》三《ぞう》は助太刀《すけだち》の約束までしてくれた。久坂らが蛤《はまぐり》御門《ごもん》の戦争で死んだ後は長州侯父子に一刀を加えようとまで思いつめた。それを聞いた小林虎三郎は、先生は私怨のために殺されたのではないから仇討はよろしくない、といさめた。勝海舟も同意見である。明治になって新撰組を離れ、山本覚馬の許に帰ったが会津藩が朝敵となったので、西郷や桐野に従って薩摩に行き、薩摩海軍に編入されて北陸《ほくりく》や奥羽《おうう》に転戦した。その後明治三年（一八七〇）二月二十三日に松代藩から次のような達しがあり、久振りで帰藩した。西郷の斡旋によるという。

　　　　佐久間恪二郎

亡夫修理先生於二京地一被二殺害一家断絶に及び候処、先祖より数代奉仕之内は武芸出精之者も有之、其上修理文武厚心懸、殊に西洋砲術伝習未だ世間に稀なる時に当り、独り奮つて原書に就き研究し、門弟共へ親切に致教授候より、種々御用立者共有之に至る。其功労不少々。依之出格の御寛典を以つて家名相建、元高之内《もとだか》七拾石、其適宜五拾弐俵壱斗五合差遣、給人申付候事。

恪二郎は明治四年、勝海舟の援助によって慶応義塾《けいおうぎじゆく》に入り、明治六年司法省出仕、同八年松山裁判所判事、同十年二月二十六日に鰻の中毒にかかって急死した。享年二十九歳。その子継述《つぐのぶ》も翌年なくなり、佐久間家は絶えた。

妻順子は象山の死の折は二十九歳、当時江戸の勝家にあったが、悲しみのあまり自害しようとして果さず、落飾して象山の冥福《めいふく》を祈った。象山の死後、兄海舟とともになにくれとなく恪二郎の面倒を見た。両者の間に美しい手紙の応酬が見られる。象山の死後、瑞枝《みずえ》と改名。明治四十一年一月病没。享年七十三歳。

妾のお蝶は、江戸芝西久保の鰹節問屋の田中安兵衛の娘で、神田お玉が池時代に象山の妾となる。容貌も美しく、気質も温順なので象山に最も愛された妾である。恪二郎の実母が象山の許を去ってからはこのお蝶が代って実母のように育てたという。恪二郎は自分のために蓄えられた無尽会の二百円を、満会の時すべてお蝶に与えた。明治三十七年五月二十三日、七十三歳でなくなった。

象山の家庭生活は、妻妾同居という現代人からは想像もできない形態であったが、象山はアッケラカンとしてそれぞれの女性に旅先から心やさしい手紙を書いている。しかし女性同士の心理はそうはいくまい。お蝶は順子より四歳年長で、長く象山に愛されてきたと自信があるのか、象山の死後ともすれば順子に逆うことがあったようである。恪二郎がそれをいさめた手紙が残っている。

明治二十二年には正四位を追贈、明治四十四年には松代象山会が設立された。そして大正二年（一九一三）には五十年祭が挙行され、その後昭和十三年（一九三八）には県社象山神社が造営された。松代藩のスケールを超える人物として、藩として扱いかねた問題児象山も、今は長野県歌に歌いこまれ、故山の地に静かに眠っている。

結び——佐久間象山という人

私は佐久間象山の五十四年の生涯を辿ってきた。象山は日本人は同調主義者《コンフォーミスト》である、というライシャワーの日本人の性格規定に反する最も日本人らしからぬ日本人と言ってよいであろう。また逆に外国人の眼からすると、最もわかりやすいタイプの人間であるかもしれない。「自分は天の寵霊をになってこの世に生を享《う》けた人間である。このような人間はその人特有の使命をもつ。この使命を果すとに私は自分の全力をつくして生きる」——彼の生涯を最も単純に要約すると、このように言うことができるであろう。非常に明確な輪廓をもった一生である。

このような個性をもった人間の生き方はけっして容易なものではない。猛烈な勢《いきおい》で突っ走る象山に対する風圧は相当なものであった。彼はそれに耐える知力と体力と意志力をもっていた。しかし彼の考えたことはほとんど実現できなかった。江戸湾沿岸の防備計画も、ハルマ辞書の出版計画も、ハリスとの外交交渉案も、そして彼がそのいのちを賭けた公武合体というかたちをとった強い政府による開国の夢も、すべて彼の手によって実現することはできなかったのである。

菊池寛は、成功することの秘訣《ひけつ》は時代に半歩先んじていることだと言ったという。その点象山は半歩ではなく、一歩先んじていたために、時代がそれに追いつけず、彼の手による実現はできなかった。

しかしその先んじ方は安藤昌益《あんどうしょうえき》のようなユートピア主義者の場合と違って百歩、二百歩ではなかった。「書《しょ》を読《よ》み学《がく》を講《こう》ずるも、徒《いたずら》に空言《くうげん》を為《な》して当世《とうせい》の務《つとめ》に及《およ》ばざるは、清談《せいだん》して事《こと》を廃《はい》すると一間《いちげん》（わずかのへだたりのこと）のみ」（『省諐録』）という彼の信条からして、時代に即しての思惟が彼の目標であったから、その距りが大きくなかったのは当然である。確かに彼のプランは彼の手によっては実現できなかった。しかし明治の日本ではほとんど実現できた。数学を基礎とする科学技術の導入も、強い政府の樹立も、そしてそれらを通じての富国強兵も。知識人の学んだことばがオランダ語から英・独・仏へと変わり、幕府が国民国家の政府としての明治政府になったという違いはあったが、象山の考えた日本のあり方についての基本の枠組は、象山の時代とは異なる社会や国家の文脈の中で形を変えて生かされた。象山の思惟の中になかったものは、天皇の位置づけ方で、この点は吉田松陰の考え方が生かされた。明治国家は象山と松陰の思想の合作であると言ってよい。

しかもなお象山も松陰も殺された。とりわけ象山の場合は、松陰の弟子でやがて明治国家をつくった人々の手によって。象山が公武合体をはかり幕府を通じて強い国家をつくろうとしている限り、松陰門下の国家形成のイメージとは相容れない。象山の死のことを思うと、私はヘーゲルの「理性の狡《こう》智《ち》」ということばを連想する。

象山は強烈な個性の人であった。しかし彼のような性格の人が当時まったくなかったかというとそうではない。「非常の人」と称される社会の既成の型を破るタイプの人が、江戸後期になると新しい社会的性格として出始めていた。彼らはいずれも強烈な自我のもちぬしで、知的能力も非常に高かった。しかしその志を実現する社会的地位には必ずしも恵まれていなかった。当時の人々はそのような社会的性格を「豪傑《ごうけつ》」と呼んだ。豪傑ということばは古来中国では「聖賢の道を抱く賢者」（『孟子・荘子』）、「政治の世界における文臣的な人物」（『管子』）、「任俠的世界のボス」（秦漢交替期）、「無頼の子弟」（前漢）等、概念内容のいくつかの変遷をへているが、前漢・後漢を含め、豪傑観の理想化がおこなわれ「知、万人に過ぐる者、之を英と謂い、千人なる者、之を俊と謂い、百人なる者、之を豪と謂い、十人なる者、之を傑と謂う」（『淮南子』）と、才知徳行が衆にすぐれた人を指すようになる。しかし六朝以後、士大夫の理想は〈典雅と威厳〉に溢れた調和と均斉のとれた人格としての「君子」となり、豪傑は「水滸伝《すいこでん》」の登場人物となる。

わが国でもそれを受けて豪傑観のいくつかの変遷があるが、江戸時代の儒者は中国にならって君子たることをめざした。しかし社会が安定しさらに固定化すると、それにあきたらない破格の人々が当然出てき、これらは「疵物」と称された。社会の甦新の推進力として求められたのは、この疵物という名で呼ばれた人材であり、それがやがて「豪傑」と呼ばれるようになった。これは多少の危険を冒してでも知的冒険をすることを厭わない勇気あるタイプの人物であり、「郷愿《きょうげん》」（一郷でよい評判を得るためにまじめくさった言動をする偽善者）とコントラストをなす。

象山はそのような豪傑と呼ばれる社会的性格の典型であった。

吉田松陰は象山のことを「佐久間象山は当今の豪傑、都下一人に御座候」（嘉永六年〈一八五三〉七月十五日、兄宛）と呼ぶ。象山自身もみずからを「豪傑」とみなし、さらにこの豪傑像を東アジアから西欧世界にまで拡げ、ピョートル大帝を賛美して、これを「豪傑」と呼んでいる。何度失敗しても挫折することを知らない豪傑、そして近代日本文明の型をつくった人、それが佐久間象山であった（「豪傑」の問題については、拙稿「幕末・維新期における『豪傑』的人間像の成立」・『東北大学日本文化研究所研究報告』第十九号、昭和五十八年、参照）。

しかしわれわれはまた幕末日本のとろうとした開国のあり方について、象山と同じ時代に次のような考え方をもっていた横井小楠のような人があったことを忘れてはならない。小楠は開国論に三つのタイプがあるとする。

㈠ 国許を正大にして神聖の道を宇内にひろめようとするもの
㈡ 自ら強うして宇内に横行するようになるため、まず、水軍を始め、航海を開くべしとするもの
㈢ 西洋諸国の四海兄弟の説に同《どう》じて、胸臆《きょうおく》を開いて役と一躰の交易の利を通ずべしとするもの（『沼山対話』）

小楠は第二の立場を部分的に認めつつ、第三の立場をとる。そして第二の立場については「横行」ということがすでに天理ではないと言う。彼は「所詮《しょせん》宇内に乗出すには公共の天理を以て彼等が紛乱《ふんらん》をも解くと申丈《もうすだけ》の規模《きぼ》無レ之《これなく》候ては相成《あいなる》間敷《まじく》」（同上）「我邦《わがくに》一視《いっし》同仁《どうじん》明らかに四海の大道を以て深く

彼等の私を説破し、万国自《おのずか》ら安全《あんぜん》の道を示すべき也」（「海外の形勢を説き国防を論ず」）と、儒教的思考形式のうちに、国家を超えた原理から国家を基礎づけ、現実の国際社会においては武装のやむをえないことを認めながら、国家の平和的共存を理想として、仁の体現者としての日本が世界平和のイニシャティヴをとることをはかったのである。

象山と小楠、この二人を併せることによって、幕末の日本が近代西欧文明に接触した時の儒教の可能性が示されるであろう。

あとがき

私はかねがね伝記というものに興味があり、かつて「鉄眼の生涯と事業」（『日本の禅語録』17・『鉄眼』）を楽しく書いたことがあって、PHP研究所の大久保龍也さんから佐久間象山について書いてみませんか、と言われた時もつい話に乗ってしまった。執筆自体は楽しかったが、学年末の最も忙しい時に書かざるを得なくなって、とうとう年を越してしまった。限られた枚数、限られた時間の中で書上げることはやはり楽ではない。

伝記を書くときに一番大変なのはトリヴィアルな事柄である。それでも象山の場合は、象山についての伝記中の古典とも言うべき宮本仲『佐久間象山』を始めとして、戦後の大平喜間多『佐久間象山』、それに文学作品ではあるが、実によく調べてある井出孫六氏の『小説佐久間象山』等の作品があって、ほんとうに助かった。そしてそのほかに象山と関わりのある人々についての伝記を書いてこられた方々ならびに思想史関係の方々の研究の積み重ねのおかげで、このささやかな伝記も書くことができた。しかし一番お世話になったのは何と言っても、信濃教育会編の『象山全集』全五巻である。ここでは一々お名前をあげないが、心からお礼を申し上げる。信頼できるすぐれた全集で、今回再読することによって、いくつかの新知見を得たが、ここには私どもがまだくみつくしていないものがあるように思う。

また編集担当の大久保さんからは、『松代町史』『真田幸貫伝』『松代文武学校』その他の貴重な資料を用意していただき、私の叙述に厚味を加えることができた。

ただ残念なのは、今回は松代に行くことができなかったことである。井出氏の著作に載せられている資料も見たかったし、それに昭和三十年代に長野県出身の伝田功氏（現滋賀大学教授）の案内で坂田吉雄先生らと一緒に訪れた「頽唐」ということばがぴったりとしたあの松代の町が、今どうなっているかをこの眼で見たかったのである。

もっと書きたかったこと、また書くべきであったことが数々あるが、それは今言っても仕方があるまい。まったくオーソドックスな手法で、誕生から成長、成熟、そして死にいたる過程を、この強い個性と時代との関わりという観点で書いた「象山とその時代」ともいうべきこの本が、現代におけるわれわれのあり方についての、読者の方々に何かのヒントを与えることができれば著者としては幸せである。

最初から最後まで熱意をこめて私を励まし協力して下さった編集の大久保龍也さん、ならびに校正の労をとって下さった大木聡子さんに心からお礼を申し上げたい。

一九九〇年二月五日

源　了　圓

佐久間象山　年譜

年号	西暦	齢	事項	参考事項
文化　八	一八一一	一	二月二十八日、城下字浦町に生る。父一学五十歳、母まん三十一歳。	幕府翻訳局を設け蕃書和解方を命ず。
一〇	一八一三	三	六十四卦の名を諳んじ、また大林寺の禁牌の字を書いて示す。	
一三	一八一六	六	初めて学に就く。	ドゥーフ編、蘭学『ハルマ』成る。
文政　二	一八一九	九	天然石の硯を拾得す。	
六	一八二三	一三	父一学剣術教授を賞せられ、一生の内玄米三人扶持を下さる。	（八・二十）松代藩主真田幸専致仕、幸貫封を継ぐ。
七	一八二四	一四	二月、真田幸専五十誕辰の賀詩を奉る。この頃より詩文に志す。父一学側右筆となる。	幸貫初入部。佐藤一斎、『言志録』を刊行。
八	一八二五	一五	嫡子の届出許可、四月十五日初めて幸貫に謁す。易を読みその辞象を弄んで夜を徹することあり。この年、生母まん、幸貫に謁す。	二月、諸国に令し外国船に打払わしむ。
九	一八二六	一六	藩老鎌原桐山の門に入り経義・文章を学ぶ（一六—二十三歳）。また町田源左衛門・宮本市兵衛正武に就いて会田流の和算を学ぶ。	

一〇	一八二七	一七	父一学督する所の不崩（かけず）の土堤工成り藩主より賞せられる。象山祝して七言詩五首を作る。初めて招かれて藩老恩田頼母の邸に至る。これより締交甚だ深し。	
一一	一八二八	一八	家を継ぐ。この年頃より上田の活文禅師に就いて華音と唐琴を学ぶ。十月十三日、父一学致仕。	
一二	一八二九	一九	元旦百韻詩を賦す。	
天保 一	一八三〇	二〇	この年作る所の詩百篇に及び、学業精霊の廉を以て藩より銀三枚を賞賜せらる	五月、恩田頼母家老職となる。八月、吉田松陰生る。
二	一八三一	二一	三月、藩世子の近習役となり、五月、これを辞す。	
三	一八三二	二二	四月二十一日、父一学剣術門弟名簿について閉門を仰せ付らる。八月二日、父一学没す（年七十七）。喪礼を尽す、一藩これに感動す。	
四	一八三三	二三	夏、『春秋占筮書補正』を著わす。長野豊山の「吾我論」を駁す。十一月、江戸に遊学し佐藤一斎に文章を学ぶ。	長野豊山藩儒たらんとして松代に来たり百余日にして去る。
五	一八三四	二四	仁木三岳に就いて琴を学ぶ。十一月、『神溪先生年譜』並びに『佐久間氏略譜』を作る。初めて藤田東湖と交わる。この年、「一斎先生言志後録に付存念申述候案」を書き、師と対決。	三月、水野忠邦老中となる。冬、梁川星巌神田阿玉池に居をトし玉池吟社を創む。
六	一八三五	二五	十二月二十二日、御城付月次講釈助となる。	十二月、幸貫の嫡孫幸教生る。
七	一八三六	二六	二月、帰藩。渡辺崋山墨竹の画賛を画きて贐とす。夏、鎌原桐山・山寺常山とこもごも循環して詩の贈呈をなす。この年より象山の号を用う。	幸専、十二支砲を鋳る。
八	一八三七	二七	四月、『与本多伯楙書』を書き、大塩中斎ならびにその拠る陽明学を批判する。五月、学政を改革し、程朱の正学を振興するの意見書を藩老に提出す。	二月、大塩平八郎乱を起す。桐山致任す。

九	一八三八	二八	黄檗宗の僧末山に古賦の作法を問う。閏四月、藩の内用を帯び越後に遊び、小林虎三郎の父誠斎と相識る。十一月十一日、名を修理と改む。	
一〇	一八三九	二九	二月十一日、再び江戸に遊学す。六月一日、神田阿玉池に塾を開き象山書院（もしくは五柳精舎）という。この年、山口菅山と鬼神論をめぐる論争を闘わす。	この年アヘン戦争始まる。高野長英、渡辺崋山罪せられる。
一一	一八四〇	三〇	春、琴の師仁木三岳の碑文を撰す。夏、「望岳賦」を作る。九月、『邵康節先生文集』を編す。この春、「江戸名家一覧」に載る。	蘭書及び訳書取締令出づ。
一二	一八四一	三一	五月九日、四書に訓点を施すべき命を受く。九月二日、江戸藩邸学問所頭取となる。	藩老矢沢監物死す。五月九日、高島秋帆徳丸ヶ原に砲術演練を行う。六月十三日、真田幸貫老中となる。
一三	一八四二	三二	四月十一日、藩士池田鵜殿の刃傷事件に依り謹慎仰せ付らる。秋、幸貫海防係となり象山を顧問として海外の事情を研究せしむ。九月、江川坦庵に入門す。十一月、海防八策を詳論して藩主に上書す。	七月、文政八年の攘夷令を撤す。中国において魏源は『聖武記』『海国図志』を著わす。
一四	一八四三	三三	正月、韮山に赴き江川坦庵に就きて西洋兵学を講修し二月末江戸に帰る。帰府後、下曽根金三郎の門にはいる。十月、郡中横目役となる。十一月、旧祿百石に復す。十二月二十六日、西洋学によりて藩利を興すの議を建て、その準備のため江戸に出る。	（三・二十四）山寺常山郡奉行となる。杉田成卿等訳『海上砲術全書』成る。
弘化 一	一八四四	三四	六月、坪井信道を通じて黒川良安を識り、直ちに良安を同居せしめて蘭学を学ぶ。七月頃、和蘭陀百科全書『ショメール』に依り硝子を製す。十月十六日、郡中横目役として沓野村に出張。十一月三日、三カ村利用係となる。	五月、真田幸貫老中を辞す。
二	一八四五	三五	三月、黒川良安去る。その後自ら辞書を開いてチケールの兵書、カルテンの砲術書を読む。	二月、阿部正弘老中となる。砲台を浦賀に増築す。

三	一八四六	三六	閏五月、松代に帰り御使者屋に住す。	三月、孝明天皇践祚。閏五月、米船浦賀に来航、交易を求む。
四	一八四七	三七	十二月、郡横目役を免ぜらる。この年、ベウセルの『砲術書』を読み新知見を得る。	九月、徳川慶喜、一橋家を継ぐ。
嘉永一	一八四八	三八	藩命に依り砲数門を鋳る。松代の西道島に於て試射。五月、村上英俊にすすめて仏文の書を読ましむ。六月九日、沓野村に出役『𨏍野日記』を作る。十一月、次男恪二郎生る（妾菊子の出）。	
二	一八四九	三九	六月、鉱物探検のため沓野山中に入る。十月、『増訂和蘭語彙』を出版せんとす。	蘭書濫りに翻訳すべからずとの幕府の令出ず。
三	一八五〇	四〇	二月、松代城南虫歌山麓に於て砲術を演ず。四月、『増訂和蘭語彙』の刊行は不許可となる。六月、相房の砲台を視察し、その不備に驚き、川路聖謨に『意見書』を出すもとりあげられず。深川藩邸に於て砲術を教授す。勝安芳・武田斐三郎・山本覚馬・津田真道等入門。	
四	一八五一	四一	二月、松代城西生萱村にて五十斤石衝天砲の射撃を演じトラブルをおこす。三月、再演大成功。五月、江戸小挽町に居を定め砲術並びに経書を講ず。小林虎三郎・吉田松陰等入門す。十月、『礮学図編』を脱稿。十一月、姉ヶ崎で松前藩注文の大砲の試射を行い失敗。	正月、土佐の漂民中浜万次郎米国より帰る。
五	一八五二	四二	五月、スチールチースの砲術書によって軽砲を試作、大森海岸にて演砲す。六月、真田幸貫没す（年六十二）。象山墓誌銘を撰す。十月、『礮卦』を著わす。十二月、勝海舟の妹順子を娶る。この年、加藤弘之ら入門。	二月、鎌原桐山没す。五月六日、幸貫致仕、嫡孫幸教封を継ぐ。

年号	西暦	年齢	事項	一般事項
六	一八五三	四三	六月、米艦浦賀に来たり藩の軍議役に任ぜらるも象山の献言によって提出された御殿山警備の件が鎌原、長谷川によって猛反対され、諸役を免ぜられるが、阿部、川路、羽倉の周旋によって江戸にとどめられる。秋、急務十条を老中阿部正弘に提出す。九月、松陰のために送別の詩を作る。十一月、学校督学となる。この年、坂本龍馬門を叩く。	露使プーチャチン長崎に来たる。九月、八月、砲台を品川湾に築く。十月、幕府大船製造の禁を解く。家定将軍宣下。
安政一	一八五四	四四	下田開港に反対し横浜開港を力説、この件に協力した小林虎三郎は帰藩を命ぜらる。四月、松陰の事件に連座し江戸伝馬町の獄に下る。九月、蟄居を命ぜられて松代に帰る。獄中『省諐録』を作る。	三月、日米和親条約締結。十月二十日、松陰長門野山の獄に下る。
二	一八五五	四五	八月、松陰『幽囚録』を送り来たり閲を乞う。九月、象山浄稿を編集す。十月二日、江戸大地震。藤田東湖圧死、詩を作りて哭す。	（四・二十九）松代藩文武学校仮開校式挙行。十二月、松陰野山の獄で自家屏居を命ぜらる。
三	一八五六	四六	甥の北山安世放縦に付、大いに心を労す。迅発撃銃（元込銃）を発明してこれを世に公にす。	七月、松陰松下村塾を開く。十二月八日、松代藩士片井京助新銃を発明。
四	一八五七	四七	米使ハリス来たりて通商条約を締結すと聞き大いに国事を憂慮す。十二月三日、山寺常山の外交質問一七条に答え長文の書を送る。	十月、ハリス江戸入、将軍に謁す。十二月、幕府とハリスの間に基本的に協定成立。
五	一八五八	四八	門人馬場常之助を両度上洛せしめ梁川星巌に密書を送る。七月、故ありて山寺常山と絶交す。この年、象山は大橋訥庵の『闢邪小言』を読みその愚論に呆れる。	二月、堀田正睦入洛して条約の勅許を奏請し八方周旋するが容れられず、三月二十六日、条約締結を禁ずる勅命下る。四月二十三日、井伊直弼大老となる。六月十九日、仮条約調印。七月、将軍家茂薨ず。九月、梁川星巌没す（年七十）。九月、安政の大獄始まる。十月、家茂将軍宣下。

六	一八五九	四九	四月二十五日、松陰長門の獄中より三大質問書を発す。鋳砲の良書スチールチースの『陸砲書』を得る。	七月、松陰江戸の獄に下る。八月、一橋慶喜、徳川斉昭、慶篤、松平春嶽、川路聖謨等謹慎を命ぜられる。十月、吉田松陰刑死。
万延　一	一八六〇	五〇	閏三月、「桜賦」並びに「観桜賦」を作る。九月二十一日、高杉晋作松陰の書を齎し来る。時事を談論して夜を徹す。	一月、新見正興ら一行訪米、咸臨丸これを護送（一―十月）三月三日、井伊直弼殺害さる。
文久　一	一八六一	五一	夏、力士雷電の碑文を撰す。母荒井氏没す（年八十七）。喪中『喪礼私説』を著わす。	（四・二十九）真田桜山・長谷川昭道永蟄居を命ぜられる。十二月、和宮、家茂に降嫁。
二	一八六二	五二	九月、「時事を痛論したる幕府へ上書稿」を書き、一方では従来の開国的攘夷論から文字通りの開国論へと立場を変えるが、他方では文久二年閏八月の幕政の改革を痛烈に批判、幕府を中心とした秩序維持の必要を説く。十二月、長州藩士山県半蔵・久坂玄瑞・福原乙之進、土佐藩士中岡慎太郎・衣裴小平・原四郎等それぞれの藩の使節として来松し象山を招聘せんとす。十二月二十九日、蟄居赦免となる。	四月、伏見寺田屋の変。閏八月、松平容保京都守護職となる。
三	一八六三	五三	正月、藩主幸教に謁し藩政改革について進言す。七月末、京都御所表より御召の内意達せられしも、九月下旬政変により中止となる。	（三・十）真田桜山・鎌原伊野右衛門蟄居を免ぜられ家老職に復す。八月十八日、七卿長州に走る。
元治　一	一八六四	五四	三月、幕命により上洛。四月、山階宮及び中川宮に謁し時務を論ず。五月、将軍家茂及び一橋慶喜に謁す。六月、山階・中川両宮に謁し天下治平の策を献ず。この頃から「彦根遷都」を考え、孝明天皇に開港の国是を宣言して貰う勅論案を起草し、尊王の志士たちの反感を買う。七月十一日、山階宮邸に伺候の帰途三条木屋町の寓居の近辺に於て暗殺される。七月十四日、知行並びに屋敷地を召上げられ佐久間家断絶す。	松代藩禁裡南門の警衛を命ぜらる。四月一日、長谷川昭道京都の情勢を視察す。六月、池田屋騒動。七月、蛤御門の変、久坂玄瑞ら戦死。

※年譜作成は主に大平喜間多『佐久間象山』（吉川弘文館）に拠った。

佐久間氏系譜

- 佐久間国品
  - 国清 ― 国綱
  - 国正 ― 国善 通称一学。実は長谷川千助善員の子。先妻相沢次郎右衛門女、離縁。後妻荒井六兵衛女まん
    - 女 天明元年出生、夭折。
    - 千代 天明三年出生、夭折。
    - 逸 天明六年出生、文化二年五月病死。
    - 蕙《けい》 文化五年三月生る。明治三年没。
      - りう
      - 安世
      - 藤三郎
    - **象山** 文化八年二月二十八日生る。母は荒井氏。幼名啓之助、後修理と改める。元治元年七月十一日兇刃に倒る。年五十四。室は勝海舟妹順子。
      - 菖蒲《あやめ》 弘化二年五月二十日江戸阿玉池の寓居に於て出生、仍てあやめと名づく。妾お蝶の出。同年十一月三十日没。
      - 恭太郎 弘化三年七月出生、翌四年十二月夭折。妾お蝶の出。
      - 恪二郎 嘉永元年十一月十一日出生、妾お菊の出。晩年恪(いそし)と改む。慶応義塾を卒業し、明治六年司法省出仕となり判事補に任ぜられ、同八年伊予国松山裁判所判事に転任、同十年二月二十六日食中毒にて急死、享年二十九。同国和気郡祝谷村鷺谷に葬る。
      - 惇三郎 嘉永三年十一月出生、嘉永五年八月病死。妾お蝶の出。

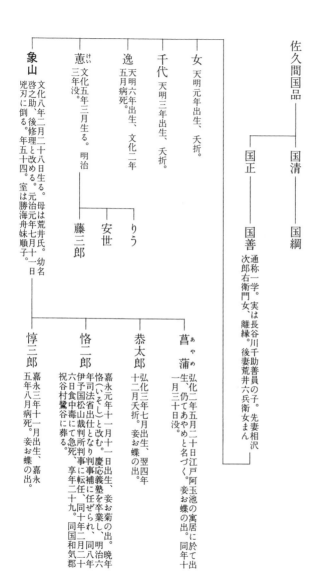

佐久間象山
――その生と死と――

坂本保富

このたび、吉川弘文館より復刊された本書は、初版が平成二年（一九九〇）三月にPHP研究所から刊行された図書で、著者の源了圓氏は、令和二年（二〇二〇）九月、満百歳の天寿を全うされている。京都大学で日本思想史を専攻された同氏の専門とする研究分野は、『徳川合理思想の系譜』（中央公論社、一九七二年）や『近世初期実学思想の研究』（創文社、一九八〇年）に代表される日本実学思想史研究であり、さらにまた『義理と人情』（中央公論社、一九六九年）や『型と日本文化』（創文社、一九九二年）に結実した伝統的な日本人の生き方に関する日本文化史（日本人論）の研究である。

同氏は、京都大学哲学科の同級生であった梅原猛（一九二五―二〇一九）と親交が深く、ともに伝統ある「京都学派」の学風を継承して、日本人の歴史や文化を深い哲学的洞察をもって内在的に読み解かれた。また、和漢洋の学問に通暁された該博な学識と温厚な人格とが融合した同氏の思想史研究の成果は、深い人間理解を基調とする独特の思想史研究の世界を拓き、数多の作品にまとめられた。

特に同じ東洋の儒教文化圏にあって西欧文化と対峙した中国や韓国の学者たちと積極的な学術交流を展開され、共編著の『日中実学史研究』（思文閣出版、一九九一年）や『日中文化交流史叢書』（大修館書店、一九九五―九六年）などの研究成果を刊行された。著者は、卒寿を過ぎてもなお研究心は旺盛で、佐久間象山と幕末思想界の双璧をなす横井小楠（一八〇九―六九）の研究に取り組み、最晩年に『横井小楠研究』（藤原書店、二〇一三年）を出版された。著者の研究人生は、長く広く、非凡な研究成果を遺された。

その源了圓氏が、意外にも幕末日本の先覚者と評される佐久間象山（一八一一―六四）に着眼され、研究成果を伝記『佐久間象山』にまとめられた。同書の初版は、ＰＨＰ研究所の歴史人物シリーズの一冊として刊行されたものである。温厚篤実な人格者の著者と変人奇人と評される象山とでは、意外な組み合せと思われるかも知れない。だが、著者は、専門である江戸時代の実学思想史の研究において、幕末期を代表する重要人物として早くから象山の思想と行動に着眼されていた。それゆえに、同氏の象山理解は本格的で、実学史研究のさまざまな作品の中に象山研究の成果が随所に織り込まれているのである。

著者の数多い研究書の中にあって、本書『佐久間象山』は、純然たる学術研究書ではなく、一般読者向けの平易な啓蒙書で、四六判で二〇〇頁余りとコンパクトである。しかし、難解な象山思想の研究成果を簡潔平易な著書にまとめるには、象山の思想と行動の根拠となる漢文史料が中心の膨大な象山史料の分析と理解が不可欠に求められる。本書は、著者が長年の実学思想史研究の中で獲得された深遠な象山理解のエッセンスを、簡潔平易な文体をもって要約された読み応えのある逸品である。

今、評者の机上には、四〇冊を超える「佐久間象山」の伝記が積まれている。最初に出版された象山伝記は、勝海舟校の象山著『省諐録《せいけんろく》』と同じ明治四年（一八七一）に刊行された斎藤謙著『佐久間象山』（東京隆文館）である。没後早々に著書や伝記が出版される人物は少ない。以後、清水義寿著『佐久間象山大志傳』（上下二冊、一八八二年）、林政文著『佐久間象山』（開進堂、一八九三年）、そして山路愛山著『佐久間象山』（東亜書房、一九一一年）と続き、さまざまに解釈された象山研究書が、近代日本の歴史展開の時代相を反映しながら現代に至るまで積み重ねられてきた。

これまでの数多い「佐久間象山」の伝記や評伝の中で、最も一般に普及し読まれてきたのは、信州松代の郷土史家・大平喜間多著『佐久間象山』（吉川弘文館、一九五九年）である。同書は、象山の地元史家の長年に亘る地道な研究の産物である。詳細な記述内容の精度はかなり高いが、根拠となる史料の出典や解釈の仕方などで、補正すべき問題点も散見される。しかしながら、昭和戦後の日本人に象山の人と思想を広く知らしめた同書の功績は大きい。

これと対照的な象山研究の伝記が、宮本仲著『佐久間象山』（岩波書店、一九三二年）である。同書は、昭和の戦前戦後の象山研究に最も貢献してきた伝記で、今日なお研究者には必須の基本文献である。特に同書の増訂版（一九四〇年）は膨大な史料を精査し引用したＡ５判で八六三頁という大著である。著者は、正岡子規（一八六七―一九〇二）の主治医として有名な医学者の宮本仲（一八五六―一九三六）である。同氏は、東京帝国大学医学部を森林太郎（鴎外、一八六二―一九二二）と同年に卒業後、ドイツ留学を経て開業医となった医学者である。が、松代藩士であった祖父の数学門人である象山の研究に生涯をかけた該博な歴史家で、二度の「象山全集」を編纂されるなど象山研究の第一人者であった。源了圓氏は、同氏の『佐久間象山』を「象山についての伝記中の古典」（「あとがき」）と高く評価し、本書執筆の主要な参考文献として活用された。

象山伝記の中で意外な作品は、山路愛山（一八六五―一九一七）の『佐久間象山』である。いまだ「象山全集」が刊行される前の明治時代に、散逸した膨大な象山史料を丹念に読み解き、象山の思想と行動を全文ルビの高尚な文体で的確に叙述した力作で、多くの読者を勇躍歓喜させた山評伝である。また、松本健一著『評伝　佐久間象山』（上下二巻、中央公論新社、二〇〇〇年）も二冊で六〇〇頁を超える大著で、『象山全集』を中心とする象山関係史料を駆使して、幕末日本の政治思想史研究の視座から象山の思想と行動を丹念に分析し、多くの史料を引用して史料自身に歴史を語らせる研究手法でまとめられた評伝である。

なお、著者が象山理解に多大な恩恵を受けたという意外な作品がある。それは、象山と同じ信州出身の歴史小説家である井出孫六（一九三一―二〇二〇）の作品で、著者は、「文学作品ではあるが、実によく調べてある井出孫六氏の『小説　佐久間象山』」（あとがき）と高評している。その井出の同書を、本書の執筆に活用できて、「ほんとうに助かった」(「あとがき」)と、著者は謝辞をも記している。直木賞作家の井出の作品は、単なる読み物の域を超えて、徹底した関係史料の調査と分析を踏まえて叙述された歴史研究レベルの内容である。実は、著者が活用した象山関係の井出作品は、朝日新聞の連載小説をまとめた『杏花爛漫〈小説佐久間象山〉』(上下二巻、朝日新聞社、一九八三年)であった。同氏の代表作の一つである同書は、一般の読者を超えて象山研究者もまた参考とすべき秀作である。

叙上のような象山研究の展開状況の中にあって、一体、源了圓氏の『佐久間象山』は、読者に、どのような象山理解を促し、いかなる象山像を描かせてくれる著書であるのか。著者自身、本書を「佐久間象山の伝記」(序章の冒頭)と評されている。だが、本書は、主たる象山関係資料を外面的に字面を分析して論理を構成した伝記などではない。また、政治史・洋学史・科学史・医学史・軍事史・文学史など、多才な象山の特定の作品を狭い学問分野から分析した研究書でもなく、ましてや歴史的偉人として象山を顕彰したり、あるいは傲慢不遜な変人奇人としての象山の人格や学問を生理的に批判し否定する下劣な批判書でもない。

著者の遺された本書は、現代人の想像を絶する幕末動乱期という非常な国難の時代に、新生日本の向かうべき方向性を指示し、実理有用の実学を躬行実践した象山の時代を先駆した思想と行動を、その発源体である彼の人間性や生き方という本質的な視座から、象山史料を内面的に読み解いて理解された、等身大の象山を描いた伝記である。作家と作品との関係は、文学や芸術の世界におけると同様に、研究の世界においても研究者が織り成す作品は、研究者自身の人間性や生き方の表現である。その意味で、本書は、著者が象山になり代わって象山という人間の人と思想を簡潔に語った伝記とみてもよいであろう。

さて、著者が、日本近代化に連動する幕末期の思想史的観点から象山の思想と行動を捉えて描写した本書は、「序章」と六つの章（「象山の生い立ち」「儒者の時代」「兵学への開眼」「黒船来航」「聚遠楼《しゅうえんろう》の日々」「上洛とその死」）で構成され、さらに各章の中が象山の思想と行動の具体的アイテムに応じて五話前後に区分けされ、全体が「五〇話」で完結する。五十面体の象山像を、読者の読みやすさ理解しやすさに配慮されて書かれた象山の伝記である。それゆえ、一見すると大学のテキストかと思われる。だが、読み進めていくと、変人奇人と言われてきた象山の歪んだ虚像が覆され、長短を併せ持つ個性豊かな象山の実像の次元から、象山の思想と行動の全体像を描写した象山研究の啓蒙書といえる名著である。

特に本書の白眉は、「序章　佐久間象山への視角」である。ここに、本書の全体を貫く、象山が生きた幕末動乱の日本を取り巻く国際状況や学問思想の特徴、そして象山思想を分析する視角や方法、時代に先駆けた象山の思想や行動の具体的な内容と特徴、等々が簡潔丁寧に述べられている。著者は、序章の冒頭で、象山を「近代日本における西欧文明への対応の一つの『型』、しかも最も有力な『型』をつくった模範的人物」と位置づけ、その視座から象山の思想と行動の全体像を闡明《せんめい》することを本書執筆の動機されたのである。

アヘン戦争や黒船来航に象徴される欧米列強の東アジア侵攻の国家的な危機を眼前にみて、鎖国攘夷を唱える守旧派の人々に対して、象山は、黒船来航の十年前のアヘン戦争（一八四〇—四二）当時から、強大な西洋列強の実態を道徳と科学の両面から長短を分析し、日本の執るべき海国防衛の対応策を幕府に建言していた。著者は、幕末日本における欧米先進諸国の東アジア侵攻に対する対応の仕方を、イギリスの歴史学者アーノルド・トインビー（一八八九—一九七五）の『歴史の研究』（中央公論社、一九六七年）に示された「ゼロト主義」（外国文化排斥主義）と「ヘロデ主義」（外国文化摂取主義）いう対照的な分類用語を援用して、「象山はヘロデ主義者の代表」で「儒教にもとづいて科学技術の受容をなすことに最大の力点を置いた人」（一二—一三頁）と理解されている。著者独自のきわめて適切妥当な見解である。幕末期に、「西欧諸国の軍事力がアジアに及び、国家の独立の保持の危険性の中で西欧文明受容の問題を考えなければならない」（一二頁）時代に、日本を取り巻く国際状況を冷静に分析し、実理有用な「格物窮理」（物に格りて理を窮む）を説く実学思想から発想されるさまざまな対応策（「海防八策」「急務十条」）を幕府に建言し、開国と防衛というアンビバレントな問題の重要性を、象山は指摘したのである。まさに彼は、時代に先駆けて招来すべき近代日本を素描し、西洋近代科学を積極的に受容して日本の近代化を推進しようとしたヘロデ主義者であり、時代を先読みし行動する先覚者であった。ここに、著者の象山についての関心と理解の核心があったのである。

実は、象山がヘロデ主義者になるまでには、伝統的な儒学思想の多様な学統学派の中から、幼くして易学と数学を中核とする数理的な合理主義の思想である朱子学との運命的な出会いがあった。以後の象山は、朱子学を「格物窮理」の基本原理を説く正統な学問と確信して、その実学の躬行実践として松代藩の藩政改革や幕政改革、あるいはアヘン戦争や黒船来航に日本の対応すべき防衛政策や外交政策などを幕府に建議するなど、積極的に関わっていった。朱子学の説く格物窮理の「理」は、東西両洋の学問に通底する普遍的一元性の概念であるというのが、象山の革新的な朱子学理解の根本的な視座である。その視座から、東洋の朱子学の延長上において西洋の科学技術文明の積極的な受容を主張し行動した最も典型的な日本人、それが象山であった、というのが著者の象山理解の基本である。

その意味で、著者は、象山を「日本の科学技術文明の『型』をつくった人」（一三頁）といい、そこに「彼の歴史的意義も、日本の近代化の特性」もあると評するのである。換言すれば、日本近代化の羅針盤としての象山である。この点が、従来の数多の象山伝記とは異なる「佐久間象山」の革新的な生涯を描こうとした著者の、本書執筆の果敢な動機と意図である。そのような著者の象山研究にかける並々ならぬ信念が、次のように力強く表明されている。

さまざまな拮抗をうち破って、近代日本の歩むべき道をきりひらいていった彼の生き方、考え方、そしてそれを可能にした彼の強い個性と、彼の置かれた信州松代藩の社会、さらには幕末日本、そしてそれを取りまく十九世紀の世界、との交渉の方に力点を置いて書くべきだろうと思う

（二一五頁）。

以下に、本書の内容で日本思想史の研究上、とりわけ佐久間象山の理解と位置づけの仕方に関して、従来の象山伝記などでは看過ないしは軽視されてきた点に著者が注目して取りあげた事柄のいくつかを、この度の本書復刊の学術的な価値の根拠として紹介しておく。

中国・魏源の著書『海国図志』と象山への影響

清朝中国で活躍した魏源《ぎげん》（一七九四―一八五六）という学者の著書『海国図志』（一八四二年）は、英国によるアヘン戦争の悲惨な経験を踏まえて、十九世紀前半までの西洋諸国の実態を描き、その学術技芸を受容して軍備の近代化と殖産興業による中国の富国強兵策の実行を説いた地理書である。

同書は、米国が日本に不利な条約の締結を迫った嘉永七年（一八五四）の黒船再来航の後、幾度も日本で翻刻され、象山をはじめ門人の吉田松陰（一八三〇―五九）や橋本左内（一八三四―五九）など、幕末日本で憂国救民を志す知識人たちの西洋理解を深める必読書であった。その同書は、日本が、幕藩体制というアンシャン・レジュームを打破して一致結束した近代統一国家に体制転換するナショナリズムの思想と運動を喚起する必読の書ともなった。著者は、日中両国における同書の読まれ方の相違と幕末日本への普及と影響の状況を、象山を典型的な分析事例として詳細に検討し論述されている（「序章」）。

易学が象山の思想と行動の中核

著者は、「象山にとって易は自己の血肉であり、これをぬきにしては自己の存在理由はなかった」（一一三頁）と記すほどに、象山の思想と行動、考え方と生き方の根本に、『易経』に基づく易学思想があったことを析出し、その影響の大きさを強調している。西洋軍事科学を専門とする洋学者となってからの象山は、西洋近代の高性能な武器である大砲の科学的な構造や機能の秘密《カラクリ》を、血肉のごとくに精通していた東洋の易学理論をもって比較分析し解明した『礮卦《ほうけ》』（砲卦、一八五二年）という研究書を著した。同書は、象山自慢の自信作であった。だが、同書が、西洋の科学と東洋の易学という奇異な組み合せで、しかも全文が漢文体で難解な易学の理論や象形（卦）を駆使して表現されており、実に深遠で不可思議な書物であった。そのためにか、幕府にも理解されずに出版不許可となり、広く一般に理解されなかった。洋式大砲をはじめ、さまざまな西洋近代の科学技術を駆使した製品を製作できるほどに、徹底した実験主義の合理主義者であるはずの象山が、なぜに『礮卦』に象徴されるような東洋の易学に傾倒する洋学者に変身したのか。既知をもって未知を解明する象山の格物窮理《かくぶつきゅうり》の実践。その真実を理解できたのは、小林虎三郎（一八二八—七七）・加藤弘之（一八三六—一九一六）・津田真道（一八二九—一九〇三）など、象山の身近で学んでいた優秀な門人たち以外にはいなかった。

市井の「易断」に俗化された易学の非科学性のゆえにか、明治以降の象山研究においても、易学に精通した象山は、否定的あるいは嘲笑的に扱われてきた。しかしながら、象山と易学との関係の事実に目を向け、事実の奥に潜む思想の本質に着目して評価する真摯な研究者がいた。それが本書の著者である。象山思想に易学の占める意味と役割の重要性を、著者は、象山自身の思想形成の道筋を内在的に理解し正当に評価されている（第三章）。象山の思想形成の基盤には幼少期より習得した易学がある。彼は、その易学の説く「形而上」と「形而下」の「理」を連続する普遍的一元性（易学の「一元二極」の理論）で捉える格物窮理の「理」をもって、未知の西洋近代科学の「理」を捉え、東西両洋の半円を一円の全体像に統合した。そのような象山思想に、半世紀以上、評者が愚直に取り組んできた思想史研究の課題が「東洋道徳・西洋芸術」という日本近代化の象山思想なのである。

中国・北宋の特異な学者の邵康節と象山の思想的な邂逅

象山と易学との関係は、彼が格物窮理を説く実学と理解する朱子学を、躬行実践してやまない学究的な生涯に深く関わるものである。神童と呼ばれた象山は、幼児期に易学と算学に縁し、両者を玩具のように弄んで成長した。偶然の中に潜む必然ともいうべきか、彼は、易学と算学を基本として儒学の中で最も格物窮理の躬行実践を強調する朱子学の基礎教育を、幼児期から文武両道の師である父親から受けて育った（第一章）。その後の象山は、松代藩内の諸師に就いて易学や算学の学問的理解を深め、格物窮理の朱子学を躬行実践する学究的生涯の人生を覚悟するのである。特に、二十四歳のときに、初めて学都の江戸に遊学して林家学頭の碩学である佐藤一斎（一七七二—一八五九）など、日本を代表する学者たちと交流して学びを深め、格物窮理を学問探究の基本とする独自の数理的な朱子学理解とその現実問題への実践方途を切り開く強固な実学思想の基盤を形成するのである（第二章）。

特に著者が注目したのは、象山が江戸遊学中に、本家の中国儒学界でも注目されない北宋時代の儒学者である邵康節《しょうこうせつ》（邵雍、一〇一一―七七）と遭遇したことである。彼の易学や数学を基礎とする数理思想の自然哲学は、朱熹《しゅき》の朱子学形成に多大な影響を与えた。その邵康節の学問に深く共感し感動した象山は、日本で初めて『邵康節先生文集』（一八四〇年）を編纂し、広く学界に喧伝した。三十歳のときである。まさしく、この邵康節との出会いが、象山の格物窮理を基本とする斬新な朱子学理解を可能とし、彼が幕末日本において救国済民の実学思想を展開する決定的な思想的契機となったのである（第二章）。

蘭語の習得による蘭学研究と蘭日辞典の編纂

松代藩第八代藩主の真田幸貫《ゆきつら》（一七九一―一八五二、白河藩主松平定信の次男で第八代将軍徳川吉宗の曾孫）の絶対的な庇護を受けた象山は、学都の江戸で儒学や洋学の学問修業に明け暮れた。特に藩主がアヘン戦争時に幕府の老中海防掛に就任したときは、顧問役に抜擢されて西洋事情を調査分析し、西洋軍事科学（西洋砲術・西洋兵学）の絶対的な優秀性とその海国日本への受容の重要性に目覚める。これを機に、好奇心が旺盛で何事にも挑戦して没頭する象山は、蘭語の原書を読解できる語学力を独力でマスターし、原書から直接に西洋最新の科学技術の知識を獲得して躬行実践できる希有な洋学者として、黒船来航の外圧に揺れる幕末日本が求める、西洋軍事科学の第一人者に大成するのである。

特に象山は、西洋砲術の構造理論と製造技術を修得して、自藩の松代藩をはじめ、松前藩・佐賀藩・薩摩藩・長州藩などの各藩から洋式大砲の鋳造を依頼されるほどに、恩師筋の高島秋帆（一七九八―一八六六）や江川坦庵（一八〇一―一五五）を超える天下一等の西洋砲術家と評された。と同時に彼は、全国に洋学が普及して日本人の西洋理解が深まるよう、開国進取の文明開化を切望して、江戸に私塾を開いて全国諸藩から多数の入門者を受け入れ、朱子学を思想基盤として西洋科学を教授し、幕末維新期以降に、日本近代化を担ってさまざまな分野で活躍する数多の人材を育成した。日本の洋学普及に関する彼の教育的な営為もまた、特筆すべき国家的な貢献であった。

また、象山は、西洋近代科学の本格的な受容と全国的な普及を推進すべく、外国語の習得に必須な「蘭日辞典」の編纂・刊行にも執念を燃やし、その経費を捻出すべく、なんと家禄の百石を抵当に松代藩から千二百両もの大金を借用する。だが、この事業も、幕府の出版許可が下りずに頓挫する。しかし、失敗や挫折の無念な思いを新たな希望の実現に転換して奮闘努力するのが象山の性格である。新たな事業とは、国家的人材を育成する私塾教育であった（第三章）。

なお、付言しておくべきは、象山の蘭学研究の実力如何に関する著者の学究的な態度である。著者は、象山の蘭語実力に先入観を抱き軽視していた。ところが、本書を執筆するに際して、『象山全集』に収められた膨大な蘭学関係史料を読んで吟味すると、当初の先入観は打ち消され、象山が相当な蘭学の実力者であることを実感させられる。加えて、井出孫六著『小説　佐久間象山』も目から鱗であった。同書に啓発された著者は、象山の西洋兵学を中心とする蘭学能力に関する研究が、「オランダ語の兵学研究者に是非やっていただかなければならない問題」と捉え、また不戦和平を説く兵学者象山の「戦争論」についても、「森鷗外につながる思いで一瞬はっとした」と言い、「読書を通じて見られる彼における西欧世界の再現は、将来の比較文化研究の重要なテーマ」とまで指摘された。評者もまた、研究者としてかく在りたいと、著者の真摯な学究態度に深く感動した次第である（第五章）。

黒船来航と愛弟子吉田松陰の海外密航事件

嘉永六年（一八五三）六月、鎖国日本の夢を破る歴史的な一大事件が勃発する。米国黒船の浦賀来航である。著者は、黒船来航と象山との関わりに関しては、多方面から迫り、多くの紙幅を充て詳細に論述している。はたして、この重大事件に、いち早く反応したのは象山であった。十年以上も前のアヘン戦争当時から、幕府に海国防衛の強化策（「海防八策」）を訴えてきた象山は、予言が実現したと自信を深め、軍艦や大砲などの海防武備の西洋化の推進と平和的な不戦の対応策としての開国の必然性を幕府に建言し、全国諸藩から参集している門人たちにも意識の変革を徹底し、主君の説得をも促した。

同時に、象山は、優秀な人材の海外留学制度や外国人研究者・技術者の招聘による富国強兵・殖産興業の推進を幕府に説いてきた。が、この建策は全く聞き入れられず、ついに象山は、愛弟子の吉田松陰をペリー艦隊に乗船させて米国に留学させることを企図する。だが、この国禁である海外密航事件が発覚して、師弟ともに地元蟄居《ちっきょ》の処罰を受ける（第四章）。

実は、この不運な密航事件を契機として、幕末期に欧米先進国へ留学生を派遣する道が拓けるのである。薩摩藩や長州藩などは独自に欧米に留学生を派遣するが、幕府も、文久二年（一八六二）には象山門人の津田真道（一八二九―一九〇三）や西周（一八二九―九七）たちをオランダに留学させるが、それに先立って万延元年（一八六〇）には、日米修好通商条約の批准のために遣米使節を米国へ派遣する。門人で義弟の勝海舟も咸臨丸《かんりんまる》の館長として渡米し、実際に見聞した米国の政治制度や生活文化の情報を、蟄居中の象山に詳細に報告している。福澤諭吉も、同じ船に乗って渡米し、日本と異なるアメリカ文化に衝撃を受け、帰国後は蘭学から英学に転じ、英学私塾の「慶応義塾」を開設して米国型の人材育成に尽力する。幕末維新期の歴史の流れからみれば、松陰の海外密航事件は、象山が提唱していた海外留学制度（日本近代化に必要な人材育成のために優秀な人材を海外に派遣して学ばせる制度）の突破口となった事件であった（第四章）。

松代蟄居中における象山の教育研究と政治活動

安政元年（一八五四）九月から文久二年（一八六二）十二月までの約九年間、象山は理解者である松代藩家老望月主水の広大な別邸に蟄居する。外出はもちろん外部との接触も禁じられた。その彼が最初に手がけたのは、蘭書の研究や膨大な旧稿の編纂などの活動である。まずは、江戸伝馬町の獄舎で執筆した草稿を『省諐録《せいけんろく》』（勝海舟校、一八七二年公刊）と題してまとめることであった。全五十七条の本文と附録（「省𠍱賦」と「万葉仮名百十余首和歌」）からなる同書は、象山の思想と行動の全容を知りうる格好の書である。この名著一冊を遺しただけでも、象山の歴史的な存在価値は認められる。

弟子の松陰もまた、象山との獄舎での別れ際に約束した、海外密航の動機と思想をまとめた『幽《ゆう》囚録《しゅうろく》』を、長州野山の獄舎で書き上げ、急ぎ松代の恩師に送った。象山塾の卒業論文ともいうべき同書に、象山は深く感動して全文に詳細な朱を入れ、死を覚悟して海外密航を決行した愛弟子の胆力を心から讃えた。多くの象山研究書が、象山を傲岸不遜で自信過剰の理屈屋、冷淡な変人奇人と人格攻撃をする。だが、象山の弟子を思う教育愛は深く、弟子たちもまた象山を心から敬慕し、師弟愛の絆は極めて強かった。家族はもちろん、領民その他に対しても同様であった。そんな象山を、評者は、「冷静な頭脳と温かい心（Cool Head, but Warm Heart）」の人と捉えてきた。本書の著者も、この点を看過せず、象山の優しく思いやりのある豊かな人間性の側面を随所で叙述している（第四章）。

象山の思想と行動の源には武士道の精神が存在

朱子学者の象山は、アヘン戦争の教訓を踏まえて西洋砲術や西洋兵学を修得した格物窮理の朱子学者であったが、その基底には武士道の精神が内在することを強く自覚し自尊とした。この視点を、著者は、「祖国日本の存続・発展」に不可欠な「兵学者としての性格」と捉えられた。さらに著者は、朱子学と兵学の「両者の統一を可能にしたものは武士としての自覚」（第五章一六六頁）であると把捉され、武士道精神の内実が文学（朱子学）と武学（兵学）の両道の融合であることを示唆されている。

著者の、武士道という視座から象山思想を理解する仕方は、実に慧眼である。従来の象山理解では、儒学者（陽明学者と捉える象山研究も多数）・洋学者（蘭語原書を通じた西洋知識の探究者）、兵学者（西洋砲術・西洋兵学の理論と実践の専門家）などの専門的な側面から象山像が描かれてきた。

そこで従来の研究に欠落していたのは、著者が指摘する「武士の自覚」という武士道の視座であった。実は、この武士道という象山分析の視座を最初に提示されたのは、管見の限りでは丸山真男（一九一四―九六）である。同氏は、日本思想史における象山理解の視座の変革を、本書の初版が刊行される前に、論文「幕末における視座の変革」（雑誌『展望』所収、一九六五年）と題して公表された。さらに同論文は、本書の初版刊行後の平成四年（一九九二）には同氏の絶筆作品となる『忠誠と反逆』（筑摩書房）に収録された。そして、従来の象山分析の視座を革新する武士道的視座からの象山理解という研究を継承されたのが、丸山真男の東京大学での門下生である植手道有（一九三一―二〇一一）であった（岩波書店、一九七四年刊行の『日本近代思想の形成』の第五章「佐久間象山における儒学・武士精神・洋学」）。

象山は、桓武天皇（七三七―八〇六）の孫である高望王《たかもちおう》（生没不明）を元祖とする由緒ある武家の家系に生まれたことを最高の栄誉とし、祖先に恥じなく堂々と武士道を貫いて生きようとした。儒学や洋学を修得して、「東洋道徳・西洋芸術」という思想世界を生き抜いた彼は、たしかに学者であり思想家であった。だが、何よりも文武両道・知勇兼備の武士であったのである。象山の思想と行動、生き方と死に方の本質は、まさに武士道精神の躬行実践にあったといえる。それゆえ、本書の著者も指摘するように、象山の「武士としての自覚」という視座を欠落しては、本質的な象山理解は得られず、画竜点睛を欠く象山像になってしまう（第五章）。

騒乱の都への上洛と覚悟の死

文久二年（一八六二）十二月、約九年に及ぶ蟄居生活を赦免される。そのとき、すでに日本は、象山が叫んだ横浜開港が実現し、米英独露の欧米先進諸国との交易が盛んに行われていた。だが、幕末期の政治動乱は末期を迎え、第十三代将軍の継嗣問題を契機に、天皇親政を主張する尊皇派と徳川幕府の存続を願う佐幕派の対立抗争が、朝廷のある京の都を舞台に激化していた。自由の身となった象山は、自分が帰属する松代藩からは象山反対派に排除されたが、多数の門人を受け入れていた土佐藩や長州藩などは使者を遣わして招聘に動く。しかし、日本という一国の独立安寧を願う象山は、当時、将軍後見職にあった一橋慶喜の推挙を受けて、幕府からの「海陸御備向手附御雇」という幕命を受け入れる。「四十以後は、乃ち五世界に繫ること在るを知る」（『省諐録』）。一身を賭して国家次元、否、世界次元での天命をはたしたい。五十を過ぎてしまった象山の覚悟である。親族や門人たちは、新撰組が活躍する動乱の上洛を辞退するよう関係方面に強く嘆願する。だが、元治元年（一八六四）三月、象山は決死の覚悟をもって京に上る。上洛の後は、第十四代将軍の徳川家茂や一橋慶喜、公家の中川宮や山階宮などを巡回し、得意とする易学の東洋的弁証法（対立的存在の二つを高次の一つに止揚する易学思想）による公武合体論や危険な京都から天皇を守護する彦根遷都論、東西の学術技芸を統合した「東洋道徳・西洋芸術」思想による日本近代化の具体策、等々の持論を理路整然と開陳して廻る。

だが、上洛して僅か四ヶ月後の同年七月十一日、象山は、西洋鞍の愛馬に乗って帰宅途上の夕刻に、過激な尊皇攘夷派の刺客に背後から襲撃され、「十三カ所の傷手を負って即死」（一九九頁）であった。松代藩など、さまざまな犯人説があるが、いまだ不明。象山反対派が実権を握る松代藩は、追い打ちをかけるように、背後から刺殺されたのは武士道に反する醜態との理由で、象山刺殺の三日後、象山の知行や家屋敷の一切を没収し、一子恪二郎に蟄居を命じた。名誉ある武家の佐久間家に生まれ、その家系の存続・発展を願って奮闘努力した象山の生涯。その象山が夢に描いた明治の新時代が到来するわずか四年前、彼の壮絶な死は武士としての覚悟の死であった。思えば、彼の五十四年の生涯は、常に生死をかけた立志実行の連続であった。著者は、そのような象山の武士らしい生き方を、あたかも象山に成り代わって語るがごとくに、本書の「結び」で次のように表現している（二〇五頁）。

　自分は天の寵愛をになってこの世に生を享《う》けた人間である。このような人間はその人特有の使命をもつ。この使命を果たすことに私は全力をつくして生きる。

本書の最後で、著者は、本書を現代人が自らの生き方と死に方を探究する手がかりとされることを願って執筆した、との真意を吐露されている。本書が書かれて三十数年の歳月が過ぎた。好評を得て品切れとなった本書が、象山没後百五十余年が過ぎた二十一世紀の今、吉川弘文館から復刊されることは、誠に時宜を得た慶事である。著者が今後も読み継がれる本書を媒介として〝有限の人生を無限に生きる術（すべ）〟を可能にされたことを寿ぎ、ご冥福をご祈念する次第である。

（信州大学名誉教授）

本書の原本は、一九九〇年にＰＨＰ研究所より刊行されました。

著者略歴
一九二〇年　熊本県に生まれる
一九四八年　京都大学文学部哲学科卒業
日本女子大学教授、東北大学文学部教授、国際基督教大学教授などを歴任
二〇二〇年　没

〔主要著書〕
『義理と人情』(中公新書、一九六九年、のちに中公文庫として二〇一三年刊行)、『徳川合理思想の系譜』(中公叢書、一九七二年)、『型と日本文化』(編著、創文社、一九九二年)、『横井小楠研究』(藤原書店、二〇一三年)

読みなおす日本史

佐久間象山

二〇二二年(令和四)七月十日　第一刷発行

著者　源《みなもと》　了《りょう》　圓《えん》
発行者　吉川道郎
発行所　株式会社　吉川弘文館
郵便番号一一三―〇〇三三
東京都文京区本郷七丁目二番八号
電話〇三―三八一三―九一五一〈代表〉
振替口座〇〇一〇〇―五―二四四
http://www.yoshikawa-k.co.jp/
組版＝株式会社キャップス
印刷＝藤原印刷株式会社
製本＝ナショナル製本協同組合
装幀＝渡邉雄哉

ISBN978-4-642-07516-9

刊行のことば

現代社会では、膨大な数の新刊図書が日々書店に並んでいます。昨今の電子書籍を含めますと、一人の読者が書名すら目にすることができないほどとなっています。ましてや、数年以前に刊行された本は書店の店頭に並ぶことも少なく、良書でありながらめぐり会うことのできない例は、日常的なことになっています。

人文書、とりわけ小社が専門とする歴史書におきましても、広く学界共通の財産として参照されるべきものとなっているにもかかわらず、その多くが現在では市場に出回らず入手、講読に時間と手間がかかるようになってしまっています。歴史の面白さを伝える図書を、読者の手元に届けることができないことは、歴史書出版の一翼を担う小社としても遺憾とするところです。

そこで、良書の発掘を通して、読者と図書をめぐる豊かな関係に寄与すべく、シリーズ「読みなおす日本史」を刊行いたします。本シリーズは、既刊の日本史関係書のなかから、研究の進展に今も寄与し続けているとともに、現在も広く読者に訴える力を有している良書を精選し順次定期的に刊行するものです。これらの知の文化遺産が、ゆるぎない視点からことの本質を説き続ける、確かな水先案内として迎えられることを切に願ってやみません。

二〇一二年四月

吉川弘文館

読みなおす
日本史

鎌倉幕府の転換点 『吾妻鏡』を読みなおす
永井 晋著 二二〇〇円

奈良の寺々 古建築の見かた
太田博太郎著 二二〇〇円

日本の神話を考える
上田正昭著 二二〇〇円

信長と家康の軍事同盟 利害と戦略の二十一年
谷口克広著 二二〇〇円

軍需物資から見た戦国合戦
盛本昌広著 二二〇〇円

武蔵の武士団 その成立と故地を探る
安田元久著 二二〇〇円

天皇家と源氏 臣籍降下の皇族たち
奥富敬之著 二二〇〇円

卑弥呼の時代
吉田 晶著 二二〇〇円

皇紀・万博・オリンピック 皇室ブランドと経済発展
古川隆久著 二二〇〇円

日本の宗教 日本史・倫理社会の理解に
村上重良著 二二〇〇円

戦国仏教 中世社会と日蓮宗
湯浅治久著 二二〇〇円

伊達政宗の素顔 筆まめ戦国大名の生涯
佐藤憲一著 二二〇〇円

武士の原像 都大路の暗殺者たち
関 幸彦著 二二〇〇円

海からみた日本の古代
門田誠一著 二二〇〇円

鳴動する中世 怪音と地鳴りの日本史
笹本正治著 二二〇〇円

本能寺の変の首謀者はだれか 信長と光秀、そして斎藤利三
桐野作人著 二二〇〇円

餅と日本人 「餅正月」と「餅なし正月」の民俗文化論
安室 知著 二四〇〇円

古代日本語発掘
築島 裕著 二二〇〇円

夢語り・夢解きの中世
酒井紀美著 二二〇〇円

食の文化史
大塚 滋著 二二〇〇円

後醍醐天皇と建武政権
伊藤喜良著 二二〇〇円

南北朝の宮廷誌 二条良基の仮名日記
小川剛生著 二二〇〇円

吉川弘文館
（価格は税別）